형이상학 서설

PROLEGOMENA ZU EINER JEDEN KÜNFTIGEN METAPHYSIK,
DIE ALS WISSENSCHAFT WIRD AUFTRETEN KÖNNEN

책세상문고·고전의 세계

형이상학 서설

PROLEGOMENA ZU EINER JEDEN KÜNFTIGEN METAPHYSIK,
DIE ALS WISSENSCHAFT WIRD AUFTRETEN KÖNNEN

이마누엘 칸트 지음

·

염승준 옮김

책세상

일러두기

1. 2013년 출간한 《프롤레고메나》의 개정판이다. 제목을 《형이상학 서설》로 변경하고, 오
   역을 바로잡았다. 그 외에 미주 처리했던 칸트의 주를 본문에 배치해 가독성을 높이고,
   해제에서 4절과 5절을 추가해 독자의 이해를 도왔다.

2. 이 책은 이마누엘 칸트Immanuel Kant의 《학문으로서 출현 가능한 미래의 모든 형
   이상학을 위한 서설Prolegomena zu einer jeden künftigen Metaphysik, die als
   Wissenschaft wird auftreten können》(1783) 가운데 "초월적 주요 물음에 관하여 첫
   째 부분: 순수 수학이 어떻게 가능한가?"와 "초월적 주요 물음에 관하여 둘째 부분: 순수
   자연과학이 어떻게 가능한가?"를 제외한 전체를 옮긴 것이다. 원서의 제목을 《형이상학
   서설》로 약칭한다.

3. 번역 대본으로 베를린 학술원판 칸트 전집 제4권 *Kant's gesammelte Schriften*, hrsg.
   von der Königlich Preußischen Akademie der Wissenschaften, Bd. IV(Berlin, 1903)
   과 1973년에 발표된 원전을 사용하고, 콘스탄틴 폴로크Konstantin Pollok가 편집한 마
   이너판 *Prolegomena zu einer jeden künftigen Metaphysik, die als Wissenschaft
   wird auftreten können*(Felix Meiner, 2001), 3~36쪽과 103~182쪽을 참조했다. 원서
   와 번역문을 대조하기 편하도록 본문 옆에 학술원판의 권수와 쪽수는 'IV 255'처럼, 원
   전은 'A 3'처럼 표기했다.

4. 본문에 있는 주는 칸트의 주이며, 옮긴이 주는 후주로 처리했다.

5. 원서에서 진한 글씨로 강조한 단어는 고딕체로 처리했다.

6. 본문에서 ( )로 표기된 부분은 칸트의 것이며, 〔 〕안의 내용은 원문을 훼손하지 않으면
   서 좀 더 분명한 이해를 돕기 위해 옮긴이가 따로 보충하거나 설명한 부분이다.

형이상학 서설 | 차례

맺음말

부록

되돌아보면 형이상학이 무엇인지 알지도 못한 채 형이상학에 관심을 갖게 된 것은 늘 곁에 있어줄 거라 믿었던 이들이 다시는 볼 수 없는 곳으로 떠난 후 나에게 남겨진 공허의 아픔 때문이었다. 이러한 감정은 삶 자체에 내재하는 것으로 인간이라면 누구나 경험하는 감정이다.

나는 슬픔에 겨워 공허의 실체를 직시하지 못하고 일상의 분주함과 즐거움 속에 묻혀 지내다 어느 순간 문득문득 다시 찾아오는 공허의 감정에 어찌할 바를 모르다 "자신 안에서 채워지지 않는 공허의 아픔에 시달리는 자는 운명적으로 형이상학자가 될 수밖에 없다"는 누군가의 말을 듣게 되었다. 내 슬픔의 원인이 형이상학과 연관되어 있을지 모른다는 생각에 나는 내 슬픔을 직시하고자 칸트 형이상학을 탐구하게 되었다.

"인간의 이성은 어떤 종류의 자기인식에 있어서 특수한 운명을 갖는다. 인간의 이성은 이성의 자연본성 자체로부터 부과된 것이기에 피할 수도 없고 인간 이성의 모든 능력을 넘어서는 것이어서 답할 수도 없는 물음들로 인해 괴로움을 당하고 있는 것이다"라는 칸트의 말에서 내 슬픔이 내 이성의 운명에서 비롯된다는 것을 알게 되었고, 어린 시절 겪은 슬픔의 원인이 사랑하는 사람을 더 이상 볼 수 없음에서 비롯된 것이 아니라 내 영혼 자체에 내재한다는 사실을 깨닫게 됐다. 내 슬픔의 원인이 나 자신에게 있다면, 이를 치유해줄 수 있는 건 형이상학뿐이라는 것, 그리고 형이상학의 주제 가운데 하나인 인간의 영혼 혹은 마음 자체는 그 어느 것에 의해서도 완벽하게 채워질 수 없고 시간과 공간 안에서 주어지는 것도 아니어서 지성의 범주를 통해서 포착할 수 없기에 칸트가 말한 인간 영혼이 갖는 '공간의 공허'의 인식 문제는 바로 언어도단言語道斷의 입정처入定處인 공적空寂과 맞닿아 있다는 사실도 깨닫게 되었다. 그런데 이러한 앎 혹은 자각이, 다람쥐 쳇바퀴 돌듯 돌면서 금욕주의와 쾌락주의 사이를 오가는 내 삶에 근본적인 변화를 주지는 못했다.

인간 영혼의 속성인 '공간의 공허'는 그 무엇으로도 채워질 수 없는 텅 빈 공간으로 어떤 즐거움이나 물질의 소유 혹은 쾌락으로도 채워질 수 없다. 따라서 우리를 위로해줄 수 있는 건 형이상학적인 것뿐이라고 학생들에게 말하면서, 정작 나의 삶은 언행일치를 이루지 못했던 것이다. 인간 영혼이 갖는 필연적인 공허감과 형이상학적 슬픔의 뿌리 역시 제거되지 못한 채 남아 있었다.

영혼의 '텅 빈 공허'가 결코 경험적인 어떤 것으로도 채워지지 않는 데서 오는 공허감을 견디지 못하는 인간은 아우구스티누스Aurelius Augustinus(354~430)처럼 자기 외부의 초월자를 찾아 유신론자가 되거나, 자신을 물질의 일부로 환원하는 유물론자가 되거나, 그도 아니면 회의주의자 혹은 숙명론자, 자유사상적 무신앙이나 광신 혹은 미신에 빠진다. 칸트는 이러한 이성의 잘못된 자기 이해에 영양도 주고 물도 주면서 잘 성장할 수 있도록 해야 한다고 말하는데, 이는 인간이 잘못된 자기 이해를 객관적으로 자기 의식화하기 어렵다고 보기 때문이다. 영양과 물을 주어 잡초의 싹을 틔워 뿌리째 뽑듯이 잘못된 인간 이성의 자기 이해의 뿌리를 제거하고자 하는 것이다.

칸트의 형이상학은 인간 이성의 잘못된 자기 이해의 뿌리를 제거하기 위해서 이성 비판과 훈육이 필요하다고 주장한다. 그는 《순수이성비판》에서 이성의 훈육을 '잡초' 제거에 비유했다.

자신의 이성이 독단주의적인지 회의주의적인지 유물론적인지 숙명론적인지를 자각하지 못할 수 있기에, 비록 나중에라도 이성 비판과 훈육을 통해 독단적, 회의적, 유물론적 혹은 숙명론적으로 변해버린 이성 자신을 제거하기 위해서 의식화될 수 있도록 자신의 내면에 숨어 있는 또 다른 자신에게 영양도 주고 물도 주어 궁극적으로는 이성의 잘못된 자기 이해의 뿌리까지 제거해야 한다는 건, 마음 밭의 잡초를 뽑는 동양의 수행과 맞닿는다고 볼 수도 있을 것이다.[1]

인간 영혼이 어떤 것으로도 채워질 수 없다는 건 아직 도야陶冶하지 못한 인간에게는 일차적으로 공허한 슬픔의 감정으로 나타나지만, 도야를 통해 인간 영혼의 본성 자체, 즉 인간 영혼의 텅 빈 공허를 자각한 사람은 숙명론과 운명론자들이 믿는 현실 세계의 '자연필연성'으로부터 자유로울 수 있다. 이는 다시 말해서 자신이 처한 절망적 환경에서 자유로울 수 있다는 희망이 된다. 이러한 희망을 실현한 인간은 더 이상 '자연의 필연성'과 '자유의 필연성' 사이에 머물지 않을 수 있다. 이것이 곧 칸트가《순수이성비판》변증론 가운데 세 번째 심성론적 이율배반Antinomie에서 행한 자연과 자유 사이의 이율배반의 해결일 것이다.

아픔, 슬픔, 운명, 숙명, 자유사상적 무신앙, 광신 혹은 미신은 인류와 함께 오랜 역사를 같이 해왔으며 아직까지도 우리 사회 곳곳에서 찾아볼 수 있는 것들이다. 칸트의 형이상학이 이러한 것들로부터 우리와 우리 사회를 치유해줄 수 있을까? 우리가 안고 있는 슬픔을 치유하기 위해서는 슬픔의 근원을 직시하고, 엄격한 자기비판과 수행이 선행되어야 한다는 것을 공감하고 자각함으로써 삶 속에서 실천해나가는 사람들로 이루어진 사회는 치유가 가능하지 않겠는가!

이 책은 이마누엘 칸트의《학문으로서 출현 가능한 미래의 모든 형이상학을 위한 서설Prolegomena zu einer jeden künftigen Metaphysik, die als Wissenschaft wird auftreten können》(이하《형이상학 서설》) 가운데 "초월적 주요 물음에 관하여 첫째 부분: 순수 수학이 어떻게 가능한가?"와 "초월적 주요 물음에 관하여 둘째 부분: 순수 자연과학이 어떻게 가능한가?"를 제외한 전체를 옮긴 것이다. 그리고 독자들의 이해를 돕기 위해서 역자 나름대로 주해를 붙였다.

《형이상학 서설》은 칸트가《순수이성비판》을 출간하고 2년 뒤에 이 책에 대한 오해와 비판을 해소하기 위해 발표한 저작이다.《순수이성비판》의 근본 사상과 핵심 내용을 압축해 쉽게 풀어 쓴 것이기 때문에 두 책은 구조도 비슷하다. 그럼에도 문고라는 성격상 분량의 제약 때문에 전체를 번역하지 못하고 부득이하게《순수이성비판》의 '초월적 변증론'에 상응하는《형이상학 서설》의 세 번째 부분만을 옮기게 되었다. 이 부분을 선택한 것은 칸트가《순수이성비판》2판 서문에서뿐만 아니라《형이상학 서설》에서도 독자에게 여러 차례 강조하고 있는 것 중의 하나가 순수 사변 이성의 인식 원리들과 인식 요소들 간의 유기적 관계인데, 여기서 건축물의 토대에서부터 낱낱이 검사할 수 있는 '거대한 건축물'로서의 칸트 철학 '전체'를 조망할 수 있게 해주기 때문이다.

칸트는 순수이성의 유기적 관계를 다음과 같이 설명한다.

"순수이성은 이성 자체 안에서 … 예외 없이 연결되어 있으면서도 분리된 영역이어서, 누구라도 모든 여타의 부분과 접촉함 없이는 순수이성의 어떤 부분도 건드릴 수 없고, 사전에 자신의 위치와 다른 모든 부분에 틀림없이 영향을 끼치지 않고서는 어떤 것도 이행할 수 없다." 이 말은 곧 '초월적 감성론'에서 감성의 선험적 형식인 '공간'과 '시간'은 '초월적 분석론'과 '초월적 변증론'에서 다루고 있는 '지성개념들'과 '초월적 이념들'과 엄격하게 구분되면서도 상호 연결되어서 영향을 끼치지 않고서는 어떤 기능도 수행될 수 없다는 것을 의미한다. 이러한 사실은《순수이성비판》의 목차를 통해서도 확인할 수 있다.

'초월적 감성론' §2 "시간에 대하여"의 (4)항 제목이 '시간 개념에 대한 형이상학적 해설'이다. 이 제목에 따르면《순수이성비판》의 독자는 감성의 형식인 시간과 공간을 이해하기 위해서 책의 전반부에서 논의하는 대상이 아닌 '초월적 변증론'의 핵심 주제인 '형이상학'을 선취해야 하는 어려움을 겪게 된다.

독일 대학 철학과 세미나의 경우《순수이성비판》의 '초월적 변증론' 바로 전 단계인 '순수지성의 종합적 원칙들'을 다루기 위해 필요한 시간은 총 8학기로 4년의 시간이 소요된다. 따라서 대부분의 학생들이 책의 마지막 부분인 '초월적 변증론'이나 '초월적 방법론'까지 다루지 못하는 경우가 많아서 《순수이성비판》을 강독할 때 마지막 장인 '초월적 방법론'부터 시작하는 방법을 택하기도 한다.

이러한 상황에서 《순수이성비판》의 4분의 1 분량인 《형이상학 서설》 가운데서도 형이상학과 관련된 부분만을 먼저 강독하는 일은 《순수이성비판》 전체를 이해하는 하나의 전략적 방법이 될 수 있을 것이다.

《형이상학 서설》은 이미 박종홍·서동익(《형이상학 서론》, 한국번역도서주식회사/문교부, 1956), 하기락(《프롤레고메나》, 형설출판사, 1965), 최재희(《비판철학서론批判哲學序論》, 박영사, 1978), 백종현(《형이상학 서설》, 아카넷, 2012), 김재호(《학문으로 등장할 수 있는 미래의 모든 형이상학을 위한 서설》, 한길사, 칸트전집 5, 2018)에 의해 번역되었다. 역자는 필요한 경우 교정 과정 중에 기존 번역서를 참고했지만 기존의 번역을 그대로 따르지 않았다. 선학들의 번역에 누가 되지 않기를 바라며 독자의 질정을 바란다.

옮긴이 해제는 크게 네 가지 관점으로 구성했다.

첫째, 전체적으로 난해하고 건조한 칸트 비판철학의 실존적 성격을 강조했다. 칸트 비판철학은 칸트 전공자나 철학 전공자뿐만 아니라 우리 모두에게 의미 있는 철학임을 말하고 싶었다.

둘째, 칸트에게 있어 형이상학은 인간 이성의 도야, 즉 인간 이성의 계몽을 통한 '자기인식Selbsterkenntnis'[2]을 지향하고 있음을 밝혔다. 칸트는 비록 자신의 비판철학이 이전의 서양 형이상학을 비판하고 있음에도 불구하고 형이상학에 관한 이전 형이상학자들의 저서들을 자신의 '마음의 능력 Gemütskräfte의 도야'를 위해서 사용했다고 말한다. 칸트는 자신의 형이상학을 비판을 통해서 이전의 전통과 엄격히 단절 시키지만 동시에 인간 이성의 도야의 관점에서 형이상학의 전통을 비판적으로 계승하고 있다.

셋째, '형이상학이 도대체 가능한가?'라는 칸트의 물음이 인간 이성의 실천적 사용을 위한 논의라는 점을 강조했다. 형이상학 일반의 가능성에 대한 물음은 곧 형이상학의 논의 대상이 되는 인간 영혼의 이념들, 우주론적 이념들, 신학적 이념의 가능성에 대한 물음이다. 이러한 초월적 이념들은 인간 이성의 사변적 사용뿐만 아니라 실천적 사용의 유용성을 통해서 각각의 초월적 이념들의 객관적 실재성이 증명되어야 한다는 점을 칸트는 강조한다. 문제는 초월적 이념들이 갖는 실천적 성격이 모든 인간 이성의 본성 안에 내재해 있지만 이러한 유용성을 획득하기 위해서는 이성의 엄격한 자기비판과 자기 인식을 위한 이성 훈육의 과정이 우선시되어야 한다는 순수이성의 초월적 이념들이 갖는 실천적 사용성 그리고 그것과 사변적 사용과의 통합적 관계에 대해서는 본 개정판에서 추가한 '4. 인간 이성의 사변적·실천적 사용을 위한 형이상학'과 '5. 순수이성의 경계규정Grenzbestimmung과 칸트 이론·실천 철학의 통합성'에서 강조했다.

넷째, 자연과 자유의 일치의 문제, 마지막으로《형이상학 서설》텍스트에 대한 기본적인 역사적 사실 정보를 소개했다. 여기서는 2004년 주어캄프Shurkamp 출판사에서 발행된 게오르크 모어Georg Mohr[3]의 해제를 참고했음을 밝힌다.

칸트가 죽은 지 200년이 훌쩍 넘었지만 그의 비판철학은 여전히 대중적이지 못하며, 형이상학에 대한 무관심이 우리 사회를 지배하고 있다. 이러한 무관심이 그가 말한 독단주의, 경험주의, 회의주의자들의 사이비 지식에 인간 이성을 내맡기지 않는 '성숙한 판단력'을 위한 필연적 단계이기를 바란다.

철학, 특히 형이상학에 대한 대중의 무관심이 자본주의 체제에서 더욱더 심화되고 있다. 칸트는 당대 형이상학에 대한 무관심의 상태가 전통 형이상학의 독단성을 극복하기 위해 철학사에서 필연적으로 거쳐야 할 전 단계로서 '바람직한 시기'라고 했고, 1781년에 발행된《순수이성비판》이 자신의 비판철학 이전에 등장한 모든 형이상학적 주의나 주장 간의 전쟁을 종식시키고 자신의 새로운 형이상학이 인류의 미래에 '이성의 영원한 평화'를 가져다줄 것으로 전망했다. 그러나 1781년《순수이성비판》이 발행된 후 240여 년이 지난 오늘날까지도 형이상학에 대한 무관심의 정체停滯는 지속되고 있을 뿐만 아니라 심화되고 있고 칸트가 인류 공동체에 유해

하다고 말했던 유물론, 숙명론뿐만 아니라 광신에 가까운 종
교적 맹신은 인류의 이성과 공동체를 여전히 위협하고 있다.
뿐만 아니라 순수이성, 실천이성, 칸트의 새로운 형이상학
은 전 지구적으로 일상을 규정하는 자본주의 체제가 야기하
는 생태계의 파괴, 성차별, 빈익빈부익부 등 전 지구적 위기
앞에서 위기의 극복 가능한 대안을 위한 것이 아니라 오히려
그러한 위기를 야기시킨 원흉이자 적으로 소환되고 있는 실
정이다. 어쩌면 칸트가 그의 정치철학에서 이상적인 정치체
政治體로서 제시했던 공화제가 인류 역사상 한 번도 실현된
적이 없고 오직 실현해야 할 과제라고 말했던 것처럼, 이성
의 영원한 평화 역시 그때그때 시대를 달리하며 다른 모습으
로 인류의 이성과 세계를 위협하는 상황에 직면해서 우리가
실현시켜야 할 과제일지도 모르겠다.

　"대학의 오래된 연구 제도는 아직 형이상학의 잔영을 보
존하고 있고, 학문들의 유일한 학술원은 때때로 포상을 통
해 형이상학 안에서 이런저런 시도를 하도록 사람들을 움직
이지만, 형이상학은 더 이상 근본적인 학문으로 생각되지 않
는다. 가령 사람들이 위대한 형이상학자라고 부르고자 하
는 어떤 기지 있는 사람이 이러한 선의의, 그러나 어느 누구
도 부러워하지 않는 찬사를 어떻게 받아들일지 스스로 판단
해보는 것이 좋다." 이 글은 이 책 《형이상학 서설》에서 칸트
가 한 말인데, 글만 조금 고치면 오늘날의 철학이라는 학문

이 처한 현실과 별반 다르지 않다. 비록 대학에서 철학과는 홀대받고 있지만 여전히 학생 모집을 위해 학과의 이름을 달리해서라도 잔영을 보존해야만 하는 상황이고 칸트가 자신의 당대에도 포상이 사람들을 움직였다고 말하듯이 오늘날에도 연구자가 자본의 예속으로부터 자유롭지만은 않다. 철학 본래의 사명인 자유, 그리고 자유에서만이 가능한 비판 정신이 설 자리가 점점 좁아지고 있는 상황에서 철학의 본질을 실천하고 있는 분들이 그래서 더욱 소중하고 존경스럽다. 그분들이 있기에 형이상학에 몰두하는 것이 가치 있는 일이라는 확신을 할 수 있었으며 위로와 위안을 얻을 수 있었다. 어느 누구도 부러워하지 않게 되어버린 철학자에 대한 찬사가 말 그대로 찬사가 될 수 있도록 노력하고 계신 분들과 책세상 문고·고전의 세계 시리즈를 지속적으로 출판하고 있는 책세상에 감사의 말씀을 드린다. 그리고 형이상학에 대한 모욕적인 홀대에 대항하여 새로운 형이상학을 안전하게 존속시키고자 하는 모든 인연에게도.

2023년 6월
옮긴이 염승준

머리말

이 《형이상학 서설》[1]은 학생들이 아니라 미래의 교사들을   IV 255; A3
위한 것으로, 그들에게 이미 존재하는 학문에 대한 설명을
정리하는 데 도움을 주고자 하는 게 아니라 이 학문 자체를
처음 발견할 수 있도록 도움을 주려는 것이다.

철학의 역사(고대의 역사뿐만 아니라 근대의 역사도) 자체를
그들의 철학으로 삼는 현학자衒學者들이 있다. 이들을 위해
서 《형이상학 서설》이 쓰인 것은 아니다. 이들〔현학자〕은 이
성 자체의 원천으로부터 창조하려고 애쓰는 사람들이 그들
의 본제本題를 끝낼 때까지 기다려야 하고, 그러고 나서야 세
계에서 일어난 일에 관한 정보를 말할 그들의 순서가 될 것이
다. 그렇지 않으면 그들〔이성 자체의 원천으로부터 창조하려
고 애쓰는 사람들〕의 견해〔그들의 본제와 세계에서 일어난   A4
일에 관한 견해〕에 따라 아직 말해지지 않은 어떤 것도 말해
질 수 없고, 실제로 이러한 것이 미래의 모든 것에 대한 정확
한 예언일지도 모르겠다. 왜냐하면 인간의 지성은 수세기 동

안 무수한 대상들에〔지성이 인식할 수 없는 인식의 대상들, 이를테면 '신의 존재'와 '영혼의 불멸'〕대해서 다양한 방식으로 광신에 가까운 견해를 표명해왔기 때문에, 어떤 새로운 것에서 그와 약간의 유사성을 가질 수도 있는 옛것이 발견되어서는 안 된다는 생각은 뜻대로 받아들여지기 힘들다.

나의 목적은 형이상학에 몰두하는 걸 가치 있게 여기는 모든 사람에게 확신을 주는 것이다. 그들〔형이상학을 다루는 모든 사람〕의 작업을 일시적으로 정지하는 것이 절대적으로 필요하다는 것, 지금까지 발생한 모든 것을 발생하지 않은 것으로 간주하는 것, 그리고 먼저 다음의 물음을 던지는 것이 불가피하게 필연적이라는 걸 확신시키는 것이다. 무엇보다도 '그러한 것이 정말 형이상학으로서 가능한 것인지'를 물어야만 한다는 것이다.

만약 형이상학이 학문이라면, 어떻게 형이상학이 다른 학문들처럼 보편적이고 지속적인 찬동贊同의 상황에 처할 수 없겠는가? 만약 형이상학이 학문이 아니라면, 그럼에도 불구하고 어떻게 형이상학이 학문이라는 위장 아래서 끊임없이 허풍을 떨고 인간의 지성으로 하여금 결코 완수될 수 없지만 사라지지도 않을 희망에의 기대를 품게 하는가? 그러므로 사람들이 자신의 앎 혹은 무지를 드러내게 될지라도 이 근거 없는 학문의 본성에 대해서 반드시 한 번은 어떤 확실한 것이 수행되어야 한다. 왜냐하면 현재의 토대 위에서는

IV 256

A5

이 근거 없는 학문이 얼마 지속될 수 없기 때문이다. 다른 모든 학문이 끊임없이 진보하는 동안 지혜 자체이고자 하는, 그리고 모든 사람이 지혜의 신탁神託을 묻는 이 형이상학이 한 발자국도 나아가지 못하고 지속적으로 동일한 위치에서 서성거리고 있다는 점은 비웃음을 살 만하다. 실제로 형이상학의 많은 추종자들이 사라졌고, 다른 학문에서 뛰어난 학식이나 재능을 나타내는 데 충분히 자긍심을 갖는 그런 사람들이 굳이 여기〔형이상학〕에서 그들의 명성을 얻기 위해 모든 것을 희생할 각오를 하지 않는다. 그밖에 다른 모든 여타의 것에는 무지한 자들조차 여기〔형이상학〕에서는 주제넘게도 중요한 판단을 내린다. 왜냐하면 이 〔형이상학이라는〕 지대地帶 위에서는 천박하기만 한 끊임없는 지껄임과 정확함을 구별하기 위한 어떤 확실한 척도도, 분동分銅도 존재하지 않기 때문이다.

그러나 하나의 학문에 대한 오랜 검토 후에, 사람들이 거기〔학문에 대한 검토〕에서 얼마나 멀리 도달했는지를 놀랍게 생각할 즈음에, 마침내 누군가에게 '전반적으로 그러한 학문이 가능한 것인지, 가능하다면 어떻게 가능한 것인지'에 대한 물음이 떠오를 것이라는 게 그렇게 당치 않은 것도 아니다. 왜냐하면 인간 이성은 그렇게 쌓는 것을 좋아해서 여러 번 탑을 건설하나 그 후에는 탑의 토대가 잘 마련되었는지 보기 위해서 다시 허물기 때문이다. 이성적이고 현명하게 되기 위한 것이 결코 뒤늦을 순 없다. 그러나 만약 그 통찰이 늦게 오면 그것을 진행시키는 것은 늘 더 어려워진다.

하나의 학문이 과연 가능한지를 묻는 것은 그 학문의 현존을 의심한다는 것을 전제한다. 그러나 그러한 의심은 이 잘못된 보석이 자신의 전 재산일지도 모르는 모든 사람의 감정을 상하게 한다. 그런 까닭에 이러한 의심을 허락하는 사람은 모든 측면의 저항에 대해 항상 대비를 해야 할 것이다. 몇몇 사람들은 그들의 오래되고, 바로 그 때문에 정당한 것으로 간주되는 소유물에 대한 의기양양함 속에서 그들의 형이상학적 편람便覽을 손안에 가지고서 그(의심을 하는 사람)를 경멸한다. 이미 어디에선가 본 것들과 동일한 것 외에 어떤 것도 보지 않는 사람들은 의심하는 사람을 이해하려고 하지 않는다. 그리하여 곧 닥칠 변화에 대한 공포와 희망을 불러일으킬 그 어떤 것도 결코 발생하지 않은 것처럼, 모든 것은 한동안 그대로인 채로 있게 된다.

그럼에도 불구하고 나는, 스스로 생각하는 이《형이상학
서설》의 독자가 지금까지의 자신의 학문을 의심할 뿐만 아니라 여기서 진술된 학문의 가능성에서 비롯되는 요구들이
실행됨이 없이 학문이 성립될 수 없다는 것을, 그리고 이러한 것이 일찍이 발생하지 않았기 때문에 어떤 형이상학도 아직 가능하지 않다는 것을 후에 전적으로 확신하게 될 것을 감히 예언한다. 그럼에도 불구하고 일반적인〔특별한 사람들

만의 이성이 아닌 모든 사람의) 인간 이성의 관심이 형이상학에 관한 물음과 밀접하게 얽혀 있기 때문에 형이상학에 관한 물음은 결코 잊힐 수 없으며 이에 스스로 생각하는 독자는 형이상학의 완전한 혁명 혹은 더 정확하게 말하자면 형이상학의 새로운 탄생이 지금까지의 전적으로 알려지지 않은 계획에 의해서 불가피하게 임박했음을 인정하게 될 것이다.* 그러나 사람들은 한동안 제멋대로 이에 저항할지도 모른다.

로크John Locke와 라이프니츠Gottfried Wilhelm Leibniz의 시도 이후, 혹은 더 정확하게 말하자면 형이상학의 발생 이후에, 형이상학의 전 역사를 통틀어서, 데이비드 흄David Hume이 이 학문에 행한 공격보다 이 학문의 운명과 관련해서 더 중대한 사건은 없었다. 데이비드 흄은 인식의 이러한 방식〔형이상학적 대상을 인식하는 방식〕에 있어서 어떤 빛도 가져다주지 않았지만, 그럼에도 하나의 불꽃을 만들었으니, 만약 이 불꽃이 불이 잘 붙을 수 있는 부싯깃을 만나서 이것〔부싯깃〕의 미광이 조심스럽게 유지되고 점점 더 확대되었더라면, 누구라도 이 불꽃에서 틀림없이 빛을 밝힐 수 있었을지도 모른다.

---

* "농부는 그 물결이 멈추기를 기대하지만, 그 물결은 흐르고 흘러 영원히 흘러가리니(Rusticus expectat, dum defluat amnis, at ille Labitur et labetur in omne volunbilis aevum)." –호라티우스2

　　　흄은 특히 유일무이하고 가장 중요한 형이상학의 개념, 구체적으로 말해서 원인과 결과의 결합의 개념으로부터 (따라서 또한 원인과 결과의 결합의 개념의 파생 개념인 힘과 행위의 개념 등등) 시작한다. 그는 그것〔원인과 결과의 결합의 개념〕을 그것〔이성〕의 자궁에서 생산했음을 자부하는 이성에게 어떤 권리로, 그것〔이성〕이 만약 무엇인가가 상정되어 있다면 그를 통해 또 다른 어떤 것이 필연적으로 상정되는 성질을 가지고 있다고 주장하는지에 대한 해명을 요청한다. 왜냐하면 원인이라는 개념은 그러한 것을 말하기 때문이다. 그〔데이비드 흄〕는 선험적으로 그리고 개념들로부터, 그러한 결합을 생각하는 것이 이성에게 전적으로 불가능하다는 걸 확고부동하게 주장한다. 왜냐하면 이러한 것은 필연성을 내포하는데, 그러나 어떻게 무엇인가가 있기 때문에 다른 어떤 것이 필연적으로 있어야만 하는지, 또한 그에 따라 어떻게 그런 결합의 개념이 선험적으로 불러들여질 수 있는지는 결코 알아낼 수 없으니 말이다. 이러한 문제에서 흄은 이성이 이러한 개념들과 더불어 전적으로 기만되고 있다는 것, 곧 이성은 이 개념을 허위 속에서 자신의 고유한 아이로 간주하고 있다고 판단한다. 왜냐하면 그 개념은 아무래도 경험을 통해서 수태된, 어떤 표상들을 연상Assoziation의 법칙으로 파악한, 그리고 거기에서 발생한 주관적 필연성, 즉 습관을 통찰에서 오는 객관적인 필연성에 떠넘기는 상상력의 사생아 이외에 다른 어떤 것도 아니기 때문이다. 이 때문에 흄은 그러한 결합들을, 심지어 일반적으로라도 이성 스스로 생각할 능력을 갖지 않는다고 결론짓는다. 왜냐하면 이성의 개념들은 순전히 날조된 것일 수 있고 모든 이성의 자칭 선험적으로 존속하는 인식들은 허위로 날인된 보통의 경험들 이외의 다른 어떤 것도 아니기 때문이다. 이러한 결론은 어디에도 형이상학은 존재하지 않고 또한 존재할 수도 없다는 것을 의미한다.[*]

비록 그의 결론이 너무 성급하고 잘못된 것이라 해도, 적어도 그것은 탐구에 기초하고 있다. 이러한 탐구는 충분한 가치가 있어서 그의 시대의 총명한 사람들이 흄이 그 과제를 A10 설명한 대로의 의미에서 훨씬 만족스럽게 그 과제 — 이 과제를 해결함으로써 곧 그 학문에서 혁명이 발생할 수 있을 것이다 — 를 해결하는 데 함께할 수 있었을 것이다.

그러나 옛날부터 형이상학에 유리하지 않은 운명은 그

---

[*] 그럼에도 불구하고 흄은 이 파괴적인 철학 자체를 형이상학으로 명명하고 그것에 높은 가치를 부여한다. "형이상학과 도덕은", 그가 말하기를(《인간지성론》의 독일어 번역본, IV, 214쪽 참고), "가장 중요한 학문의 가지들이다. 수학과 자연과학은 그 가치가 절반도 되지 않는다." 그러나 여기서 그 명민한 사람〔데이비드 흄〕은 사변적 이성의 과도한 주장들을 제한하고, 끝없이 이어져 인류를 혼란시키는 수많은 다툼들을 제거하는 소극적 유용성만을 보았다. 그러나 그는 그러는 동안에 가장 중요한 희망들 — 이 희망들에 의해서 오직 이성은 의지에게 자신의 모든 노력의 최상의 목적을 표시한다 — 이 이성들에게서 박탈될 때 발생하는 적극적인 손해를 간과했다.

〔흄〕가 어느 누구에게도 이해되지 않기를 원했다. 그의 적대자들인, 리드Thomas Reid, 오스왈드James Oswald, 비티James Beattie, 그리고 특히 프리스틀리Joseph Priestley가 얼마나 흄의 과제의 논점을 놓치는지, 그리고 언제나 흄이 의심하는 것은 문제없는 것으로 받아들이면서 흄에게는 단 한 번도 의심되지 않았던 것은 성급하고 매우 건방지게 증명하며 개선을 위한 그의 경고를 잘못 보게 만들고, 결국 모든 것이 마치 아무 일도 일어나지 않은 양 오래된 상태에 머무르게 되었음을, 누구라도 고통을 느끼지 않고는 볼 수 없을 것이다. 문제는 원인의 개념이 올바른지, 쓸모 있는지, 자연인식 전체에 관해서 불가결한 것인지가 아니다. 흄은 이러한 것을 단 한 번도 의심하지 않았다. 오히려 원인의 개념der Begriff der Ursach이 이

IV 259 성을 통해서 선험적으로 생각되는 것인지, 그럼으로써 모든
A11 경험으로부터 독립한 내적 진리를 갖는지, 그리고 그런 이유로 경험의 대상들에 제한되지 않고 더 확장된 유용성을 갖는지가 문제였다. 흄은 이러한 의문에 대한 해명을 고대한다. 그것은 분명 이 개념의 근원에 대한 문제일 뿐이지, 사용에 있어서 이 개념의 불가피성에 대한 문제가 아니다. 만약 전자〔개념의 근원〕만 찾아진다면, 그것은 그 개념의 사용과 범위의 조건 — 이러한 개념의 사용과 범위의 조건들 안에서 그 개념은 타당할 수 있다 —들은 미리 주어질 수 있을 것이다.

그러나 그 과제를 확실하게 해결하기 위해서 이 유명인의

반대자들은, 순수한 사고에만 종사하는 이성의 본성을 매우 깊이 탐색해야만 했다. 하지만 그러한 것이 그들에게 마땅치 않은 까닭에 그 반대자들은 뻔뻔스럽게도 면밀한 통찰 없이도 훨씬 더 편안한 수단인 보통의 인간 지성Menschenverstand을 증거로 끌어낸 것이다. 실제로 반듯한 (혹은 사람들이 처음부터 그것을 일컬은 것처럼 단순한) 인간 지성을 소유하는 것은 하늘이 준 큰 선물이다. 그러나 인간 지성을 행위Taten[3]와 사람이 생각하고 말하는 숙고된 것과 이성적인 것을 통해서 증명해야지, 자신의 올바름을 위해서 어떤 학문이나 식견도 주장할 수 없을 경우에, 신탁으로서의 증거로 끌어내 실증해서는 안 된다. 통찰력과 학문이 쇠락한 경우에, 〔그러한 경우가 발생하기〕 이전이 아니라 그리고 나서야 보통의 지성을 증거로 끌어내는 것은, 요즘 시대의 흑막의 날조들 가운데 하나이다. 이러한 시대에는 둔한 수다쟁이가 가장 대단한 두 A12 뇌를 가진 사람과 의기양양하게 겨루고 동등한 입장에서 그와 맞붙을 수 있다. 그러나 통찰의 편린片鱗이라도 존재하는 한, 사람들은 이러한 궁여지책을 취하는 것을 경계한다. 엄밀히 고찰하면, 이 항소抗訴(Appellation)는 군중의 판단을 증거로 내미는 것 이외에 다른 어떤 것도 아니다. 철학자의 얼굴을 붉히게 하는 박수는 그러나 대중적인 익살꾼을 우쭐거리고 뽐내게 만든다. 그러나 나는 흄이 비티 못지않게 건강한 지성에 대한 권리를 가질 수 있다는 것과, 그것 외에 후자〔비티)가 확실하게 소유하지 못한 것에 대한 권리, 즉 그것〔보통의 지성der gemeine Verstand〕이 정확히 알지 못하는 생각들을 건방지고 과도한 방식으로 주장하지 않게 하기 위해서 혹은 만약 그러한 생각들에 대한 것이라면 어떤 것도 결정하려고 열망하지 않도록 보통의 지성을 제한하는 비판적 이성에 대한 권리를 가질 수 있다고 생각해야 한다. 왜냐하면 그것〔보통의 지성〕은 자신의 원칙들에 대해서 스스로 정당화할 수 없기 때문이다. 단지 그러한 보통의 지성은 그럼으로써만 건강한 지성으로 머물게 된다. 쇠붙이용 끌과 망치는 전적으로 건축용 목재 토막을 가공하는 데 유용할 수 있다. 그러나 동판 인쇄를 위해서는 에칭용 조각칼이 필요하다. 마찬가지로 건강한 지성뿐만 아니라 사변적 지성 또한 필요하지만, 각각의 것은 자신의 방식에서 유용할 뿐이다. 전자〔건

IV 260; A13 강한 지성〕는, 경험 안에서 그들의 직접적인 적용을 발견하는 판단과 관계할 때, 후자〔사변적 지성〕는 일반적인, 순수한 개념들 안에서 판단되어야 하는 곳에서, 예를 들면 스스로, 그러나 종종 반어법적인 표현으로 그렇게 불리는 건강한 지성이 어떤 판단도 내리지 못하는 형이상학에서 유용하다.

나는 거리낌 없이 데이비드 흄의 경고가 오랫동안의 독단의 잠에서 나를 깨우고 사변적 철학의 영역 안에서 나의 탐구들에 전혀 다른 방향을 제시해주었다는 점을 인정한다. 그러나

나는 그의 결론이 이르는 대로 잘 듣고 좇기에는 먼 거리에 떨어져 있었다. 그의 결론들은 그가 자신의 과제를 전체적으로 조망할 수 있도록 설명한 것이 아니라, 단지 그 과제의 부분—이 부분은 전체를 고려하지 않고서는 어떤 정보도 줄 수 없다—에만 몰두했기 때문에 나온 것이다. 만약 누군가 타인이 유산으로 남긴, 근거 지어졌지만 자세하게 설명되지 않은 어떤 생각으로부터 시작한다면, 이들은 지속적인 사유를 통해 현명한 사람—우리는 이 현명한 사람에게 이 빛의 첫 번째 섬광을 준 것에 감사해야 한다—이 도달했던 것보다 훨씬 더 멀리 나아갈 수 있음을 확실하게 희망할 수 있다.

따라서 나는 우선, 흄의 반박이 협소한 관점으로 인해 상세하게 고려되지 않은 방식으로 설명된 것은 아닌지를 고찰해보았고 곧바로 원인과 결과의 결합 개념이 지성의 개념을 통해서 사건들의 결합을 선험적으로 생각할 수 있는 유일한 개념이 아니라는 사실을 확실히 단정할 만한 증거를 발견했다. 더 정확히 말하자면 형이상학은 전적으로 선험적 지성der Verstand a priori이 원인과 결과의 결합의 개념에 의해서 사물들의 결합을 사유하는 것에서 이루어진다는 걸 발견했다. 나는 그런 개념들의 개수를 확실하게 하고자 애썼고, 이 일이 나의 희망대로, 구체적으로 말해서 하나의 유일한 원리에 의해서 성공했기 때문에, 나는 이러한 개념들의 연역Deduktion[4]에 착수했다. 나는 이 개념들의 연역에 대해서 흄이 예전부 A14

터 그 개념들에 대해 우려한 것처럼 경험으로부터 파생되는 것이 아니라, 순수한 지성에서 기인한다고 단언한다. 이러한 연역은 나의 현명한 전임자에게 불가능하게 여겨졌고, 그 외 어느 누구에게도 떠오르지 않았다. 비록 모두가 그 개념들의 객관적 타당성이 도대체 어디서 근거하는가에 대해서는 묻지 않은 채 이 개념들을 의기양양하게 이용했음에도 불구하고, 이 연역은, 내가 주장하건대, 과거 언젠가 형이상학을 위해서 수행될 수 있었던 것 중에서 가장 어려운 것이었다. 이러한 상황에서 가장 곤란한 것은, 어딘가에 형이상학이 아무리 많이 존재했다 할지라도, 이 형이상학들이 이와 관련한 최소한의 도움도 나에게 줄 수 없었다는 것이다. 왜냐하면 저 연역이 바로 형이상학의 가능성을 최초로 결정해야 하기 때문이다. 나에게 있어서 흄의 문제 해결은 특별한 경우에 한해서가 아니라, 순수이성의 전체 능력을 고려하는 데에서도 성공할 수 있기 때문에, 순수이성의 전 범위를 그것의 경계에서뿐만 아니라 그것의 내용에 있어서도 완전히, 그리고 보편적인 원리—형이상학은 이러한 것을 형이상학의 체계를 확실한 계획에 따라 실행하기 위해서 필요로 한다—에 따라 규정하기 위해서 내가 비록 느린 발걸음을 내디뎠다 할 VI 261; A15 지라도 꼭 필요한 것이었다.

그러나 나는 흄이 제기한 문제를 가능한 크게 확장한 상세한 서술Ausführung(다시 말해서 《순수이성비판》 안에서)이, 그 문제 자체가 처음 제기되었을 때만큼 주목받지 못하리라는 우려를 거둘 수 없다. 왜냐하면 사람들은 그것을 이해하지 못하기 때문에 그것[흄이 제기한 문제의 상세한 서술]을 정당하게 판단하지 않을 것이다. 사람들이 그것을 이해하지 못하는 이유는 《순수이성비판》을 대충 넘기면서 읽을 뿐, 철저하게 모든 개별적인 것까지 파고들 만큼 관심을 갖지 않기 때문이다. 그리고 사람들은 그 책이 무미건조하고, 이해하기 어렵고, 모든 익숙한 개념에 충돌되는, 그 개념들에 대해서 매우 상세하게 파고들기 때문에 그것[《순수이성비판》]에 노력을 기울이려 하지 않는다. 나는 가치 있고 인류에게 없어서는 안 될 인식 자체―이 인식 자체는 규범에 따른 정확성 A16 의 엄격한 규칙 외의 다른 어떤 것에 의해서도 수행될 수 없고, 시간이 지남에 따라 이러한 규범에 따르는 정확성에 대중성이 따라올 수는 있겠지만 결코 시작부터 있을 수는 없다―의 실존과 관계된 것에 관해서 논의할 때, 대중성, 즐거움, 안락함의 결여 때문에 어떤 철학자로부터 불평을 듣게 될 것이라 예기豫期하지 않았음을 인정한다. 그러나 부분적으로 사람들이 계획의 광대함 때문에 잘 개관할 수 없는 탐구의 주안점에 있어서의 어떤 불명료함에 관해 말하자면, 그러한 불만은 따라서 타당하다. 이러한 불만을 나는 이 《형이상학 서설》을 통해서 종식시킬 것이다.

전체 범위와 경계들 안에서 순수이성의 능력을 특별한 방식으로 서술하는 《순수이성비판》은 언제나 토대인 것이고, 《형이상학 서설》은 단지 예습으로서만 그것과 관계한다. 왜냐하면 저 비판(《순수이성비판》)은 형이상학이 출현할 수 있는지에 관한 혹은 형이상학에 작은 희망이라도 불러일으킬 수 있는지를 생각하기 전에, 학문으로서 순수이성의 능력 중 가장 미세한 부분에 이르기까지 완전하게 보여주지 않으면 안 되기 때문이다.

사람들은 이미 오래되어 닳아빠진 인식을 이전의 결합들에서 골라내어 제멋대로 재단한 옷을 입혀놓고, 그것에 새로운 제목을 붙여서 새롭게 꿰인 것[5]으로 보는 데에 익숙해져 있다. 대부분의 독자가 그 비판에 대해서 사전에 기대한 것도 이와 다르지 않다. 그러나 이 《형이상학 서설》은 완전히 새로운 학문이 있음을 통찰하는 곳으로 독자를 인도할 것이다. 이전에 어느 누구도 생각하지 못한, 한갓 이념조차 알려지지 않았던 이러한 새로운 학문에 대해서는 단지 흄의 의심이 던진 경고 이외에 지금까지 알려진 모든 것 가운데 그 어떤 것에서도 그 쓸모를 찾을 수 없었다. 하지만 흄의 의심에서조차 그와 같은 진정한 학문의 가능성에 대한 그 무엇도 어렴풋이나마 예감할 수 없었다. 그가 안전을 위해 배를 정박시킨 해변(회의주의)에서 오히려 그 배는 썩어 못 쓰게 돼버릴 것이다. 그에 반해 나에게 있어서는 흄의 의심에 조타수—이 조타수는 지구에 관한 지식을 교육받고 항해술의 확

36

실한 원리들에 따라서 완벽한 지도와 나침판을 가지고 임무를 수행할 수 있고 어디든지 그가 생각하는 방향으로 배를 운항할 수 있다—를 주는 것이 관건關鍵이다.

철두철미하게 절연되어서 자신만의 독특한 방식을 갖는 새로운 학문에 대해 사람들이 이전에 습득한 잘못된 지식—비록 그 지식들이 그것들의 실제성에 있어서 전적으로 의심되어져야 하는 것임에도 불구하고—에 의한 선입견을 A18 가지고 평가하기 위해 접근하는 것은, 누군가에게 이미 알려져 있던 것을, 그 표현들이 이따금 그에게 비슷하게 들리기 때문에, 어디에서나 볼 것으로 믿는 것 이외에 다른 어떤 결과도 낳지 않는다. 한 사람에게 모든 것이 극도로 꼴사납게, 불합리하게 그리고 여러 언어가 뒤죽박죽 섞여서 알아듣기 힘들게 여겨지는 것은 그 사람이 저자의 생각이 아니라, 언제나 오래된 습관을 통해서 본성이 되어버린 자신의 고유한 사유방식을 토대로 삼기 때문이다. 그렇지만 저서의 정확성이 학문 자체에 근거하는 한, 그 저서의 광대함, 거기서 비롯되는 불가피한 건조함, 학문적인 정확성은 비록 사태 자체에는 극도로 유익할 수 있는 특성들이지만, 책 자체에는 단점이 될 수밖에 없는 특성이다.

흄만큼 그렇게 섬세하고 동시에 그렇게 매력적으로 글을 쓰는 것, 혹은 모세스 멘델스존Moses Mendelssohn처럼 그렇게 면밀하게 그리고 매우 품위 있게 글을 쓰는 것은 비록 모두에게 주어진 재능은 아니지만, 만약 내가 하기를 원하는 모든 것이 단지 하나의 계획을 세우고 그 계획의 실행을 다른 사람들에게 추천하는 것이었다면, 그리고 그토록 오랫동안 A19 지속적으로 종사해온 학문의 번영을 중요시하지 않았다면, 나는 전적으로 나의 글에 (이에 대해 나는 당당히 말할 수 있다) 대중성을 부여할 수도 있었을 것이다. 덧붙여 말하자면 비록 늦기는 했지만 지속적인 찬성을 기대하며 좀 더 빠른 호평을 받아보려는 유혹을 뿌리치기 위해서는 많은 인내와 적지 않은 자기부정이 필요했다.

IV 263 　사람들이 그들 스스로가 실행할 수 없는 것을 요구하면서, 또 잘할 수 없는 것을 비난하면서, 어디서 그것이 발견될 수 있는지조차 알지 못하는 무엇인가에 대해서 제안하면서, 만약 그러한 계획을 여느 때처럼 게으른 희망들의 미사여구로 포장조차 하지 않는다면, 비록 사람들이 추측할 수 있는 것보다 이성의 일반적인 비판을 위한 쓸모 있는 계획들에 무엇인가가 더 많이 속해 있다 할지라도, 계획들을 세우는 것은 말만 화려한 거만한 정신의 작업일 뿐이다. 이러한 거만한 정신의 작업을 통해서 사람들은 창조적인 천재에게 명망을 부여한다. 그러나 순수이성은 이성 자체 안에서 그렇게 예외 없이 연결되어 있으면서도 분리된 영역이어서, 누구라도 여타의 모든 부분과 접촉하지 않고는 순수이성의 어떤 부분도 건드릴 수 없고, 사전에 모든 부분에 대하여 자신의 위치와 다른 부분에 대한 영향을 끼치지 않고서는 어떤 것도 이행할 수 없다. 왜냐하면, 우리의 판단을 내부에서 고칠 수 있는 그 어떤 것도 순수이성의 영역 밖에 있을 수 없으며, 각 부분의 타당성과 사용은 각 부분이 이성 자체 안의 나머지 것들에 대해 갖는 관계에 의존해 있고, 마치 유기체의 사지의 구조 A20 처럼, 각 부분의 목적은 전체의 완벽한 개념으로부터만 파생될 수 있기 때문이다. 그런 까닭에 만약 비판이 전체적으로 순수이성의 최소한의 요소들에까지 성공적으로 완수되지 않는다면, 누군가는 그러한 비판이 결코 믿을 수 없다고 주장할 수 있을 것이고, 또 사람들은 이 능력들의 영역에 관하여 모든 것을 규정하고 결정해야 하거나, 그렇지 않으면 아무것도 규정하지도 결정하지도 못할 수밖에 없을 것이다.

그러나 순수이성의 비판(《순수이성비판》)보다 앞서 있는 계획은 확실하지 않고, 신뢰할 수 없으며, 무용할지라도, 만약 그 계획이 순수이성 비판(《순수이성비판》) 이후에 온다면 그 계획은 그와 반대로 훨씬 더 유용해진다. 그 까닭은 사람들은 그것(《순수이성비판》 이후에 오는 계획)을 통해서 전체를 조망할 수 있고 이 학문에서 중요하게 말하고자 하는 점을 하나씩 시험하고, 설명한 이후에 첫 저술에서 발생할 수 있었던 것보다 많은 것들을 더 훌륭하게 정립할 수 있는 위치에 있게 되기 때문이다.

이 계획(《형이상학 서설》)은 완성된 저서(《순수이성비판》) 이후에 할 수 있는 그런 일이다. 그런데 이 계획서는 분석적 방법analytische methode을 견지하면서 계획할 수 있다. 그 저서 자체(《순수이성비판》)는, 매우 특별한 인식능력의 사지 구조를 갖춘 이 학문이 자신의 모든 인식능력들의 분절들을 인식능력의 자연스러운 연결 안에서 제시하기 위해서, 전 A21 적으로 종합적 교습방식synthetische Lehrart의 견지에서 작성되어야만 하기 때문이다. 모든 미래의 형이상학에 앞서서 내가 《형이상학 서설》로서 대비하는 이 계획을 재차 불명료하다고 여기는 사람은 모든 사람이 형이상학을 공부하는 게 불필요하다는 것을, 상세하고 정확한 그리고 깊이 있는 학문들을―이 학문들은 오히려 직관에 가깝다―탐구하는 데는 매우 뛰어난 재능이 있지만 순전히 추상적인 개념으로만 이루 IV 264 어진 탐구에는 성공할 수 없는 상당수의 재능이 있다는 것을, 그러한 경우에 사람들은 자신의 선천적 재능을 다른 대상에 적용해야 한다는 걸 생각해보는 것이 좋다. 그러나 형이상학을 판단하고, 게다가 글로 표현하기를 감행하려는 사람은 여기서 수행되는 요구들을 전적으로 만족시켜야 한다는 점을 숙고해야 한다. 그러한 것(여기서 수행되는 요구들을 전적으로 만족시켜야 한다는 점)은 누군가(형이상학을 판단하고 글로 표현하는 것을 감행하려는 사람)가 나의 해결을 수용하거나, 혹은 상세하고 정확한 반대를 통해 다른 해결을 제시―왜냐하면 그는 그 해결을 받아들이지 않을 수

40

없기 때문에 ─ 하거나, 마침내 그렇게 발설된 불명료성 (그 자신의 고유한 안락의 습관적인 얼버무리기 혹은 얼빠짐) 또한 그 것들의 유용성을 갖는 방식에서만 발생할지도 모른다. 왜냐 하면 다른 모든 학문에 대해 신중한 침묵으로 일관하는 이들 이 형이상학에 대한 물음들에서만은, 그들의 무지가 다른 학 A22 문에 비해 분명하게 드러나지 않음으로 해서, 대가인 양 말 하고 자신만만하게 판결을 내리기 때문이다. 그러나 참된 비 판적 원칙들에서 볼 때 그들의 무식은 분명하게 두드러진다. 그래서 사람들은 이 원칙들에 대해서 다음과 같이 칭찬할 수 있다.

그것들은 게으른 벌 떼들, 수벌들로부터 벌집을 보호한다.

베르길리우스6

형이상학 서설

모든 형이상학적 인식의
고유한 특징에 관한 예비적 상기

§1
형이상학의 원천에 관하여

만약 누군가가 어떤 인식Erkenntnis[1]을 학문으로 구체화하고자 한다면, 그는 우선 그 인식이 다른 어떤 인식과도 공통점을 갖지 않고 그 인식에만 고유한 차이를 정확하게 규정할 수 있어야 한다. 그렇지 않으면 모든 학문의 경계들은 서로 뒤섞여 하나가 되어서, 학문들 가운데 어떤 것도 그 학문의 본성에 따라서 상세하고 정확하게 논구될 수 없다.

이러한 고유한 특징은 대상의 차이에 있을 수 있거나 혹은 인식 원천들의 차이에 있거나 혹은 인식 방식의 차이에 놓여 있거나 혹은 이 모든 조항을 합한 것의 차이에 있거나 그렇지 않고 이 가운데 몇몇 조항의 차이에 있거나 간에, 가능한 학문과 그 학문 영역의 이념은 무엇보다도 먼저 이 특징에 의거한다.

우선 형이상학적 인식의 원천들과 관련해서, 형이상학적 인식의 원천들이 경험적일 수 없다는 것은 형이상학적 인식 A24 의 개념에 이미 포함되어 있다. 따라서 형이상학적 인식의 원리들(형이상학적 인식들의 원리들에는 그것들의 원칙뿐만 아니라, 근본개념들도 속한다)은 결코 경험에서 취해져서는 안 된다. 왜냐하면 형이상학적 인식의 원리들은 물리적 인식이 아니라 물리적인 것 너머의 인식이어야 하기 때문에, 즉 경험의 저편에 놓여 있는 인식이어야 하기 때문이다. 따라서 본래적인 물리학의 원천을 형성하는 외적 경험도, 경험적 심리학의 기초를 형성하는 내적 경험도 형이상학적 인식에 있어서 기초가 되지 않는다. 따라서 형이상학적 인식은 선험적 인식이거나 혹은 순수한 지성이나 순수한 이성에서 비롯되는 인식이어야 한다.

IV 266

　바로 이 점에서 형이상학적 인식은 순수 수학과 어떤 차이점도 갖지 않는다. 그러므로 형이상학적 인식은 순수한 철학적 인식이라 불려 마땅하다. 그러나 이 표현의 의미에 관해서는 이 두 방식의 이성사용 간의 차이를 명료하고 충분하게 설명하는 《순수이성비판》[2] 712쪽을 참고할 수 있다. 형이상학적 인식의 원천들에 대해서는 이 정도로 언급한다.

§2

유일하게 형이상학적이라고 말할 수 있는
인식 종류에 관하여

a) 종합판단 일반과 분석판단 일반의 구별에 관하여

형이상학적 인식은 순전히 선험적 판단들만을 포함해야 하 A25
며, 그것은 이 인식 원천들의 특이성이 요구하는 바이다. 이
때 판단들이 어떠한 근원을 갖든지 간에, 혹은 판단들의 논
리적 형식에 따라 어떠한 성질을 갖든지 간에, 내용에 있어
서는 판단의 구별이 있어야 한다. 그리하여 내용에 따라서
판단들은 단지 설명적이어서 인식의 내용에 어떤 것도 첨가
하지 못하거나, 혹은 확장적이어서 주어진 인식을 확대하거
나 한다. 첫째 판단들은 분석판단으로, 둘째 판단들은 종합판
단으로 부를 수 있다.

분석적 판단들은 술어에서 주어의 개념에 이미 실재로 생
각되는 것 외에 어떤 다른 것도 말하지 않는다. 비록 〔주어의
개념 안에서 이미 실재로 생각되는 것이〕 그다지 명료하지
않고, 그렇게 의식적으로 생각되지 않았다 할지라도 말이다.
만약 내가 "모든 물체는 연장적이다"라고 말하면, 나는 물체
에 대한 나의 개념을 전혀 확장하지 못한다. 저 개념의 연장
성은, 비록 명확하게 말한 것은 아니지만, 판단에 앞서 실제
로 생각되어지는 것을 통해서 물체의 개념을 분해한 것일 뿐

이다. 따라서 그 판단은 분석적이다. 이와 반대로 '몇몇의 물체는 무겁다'라는 명제는 물체에 대한 일반적 개념 안에서 실제로 생각되어지지 않는 무엇인가를 포함한다. 따라서 그 명제는 나의 개념에 무엇인가를 덧붙임으로써 나의 인식을 IV 267 확대하고, 바로 그런 점에서 종합적 판단이라고 일컬어야 한다.[3]

b) 모든 분석판단의 공통된 원리는 모순율이다.

A26 모든 분석판단은 전적으로 모순율을 기초로 하고 그 본성에 따라 선험적 인식이다. 분석판단들에 재료로 사용하는 개념들이 경험적이든 그렇지 않든 말이다. 그 까닭은 긍정하는 분석판단의 술어는 이미 앞서 주어의 개념 안에서 생각되어지기 때문에, 그 술어는 주어의 개념에 대하여 모순에 빠지는 일 없이는 부정될 수 없다. 마찬가지로 분석적인, 그러나 부정하는 판단에 있어서는 주어 개념의 반대는 주어에 대하여 부정되고, 게다가 모순율에 좇아 필연적으로 부정된다. 예를 들면 '모든 물체는 연장적이다'와 '어떤 물체도 비연장적(단순하지)이지 않다'라는 명제에 있어서와 같은 그것이다.

바로 그런 이유로 또한 모든 분석적 명제는 선험적 판단이다. 예를 들어 '금은 황색 금속이다'와 같이 그 개념들이 경험적일지라도 말이다. 왜냐하면 명제가 분석적 명제라는 것을 알기 위해서는 이 물체가 황색이고 금속이라는 것을 내포하는 금에 대한 나의 개념 이외에 어떤 다른 경험도 필요하지 않기 때문이다. 이것[황색이고 금속이라는 것]이야말로 금이라는 나의 개념을 형성하고, 나는 금이라는 개념 너머의 무언가를 둘러볼 것 없이, 그 개념을 분석하는 것 외에 다른 무엇도 할 필요가 없다.[4]

c) 종합판단들은 모순율과는 다른 원리를 필요로 한다.

그 근원이 경험적인 후험적 종합판단들이 있다. 그러나 또한 의심할 여지 없이 명확하게 선험적이면서, 순수한 지성과 이성에서 생성되는 종합판단들도 있다. 그러나 이 두 종합판단들은 분석의 원칙에 의해서, 다시 말해서 모순율에 의해서 A27 만 생성될 수 없다는 점에서 일치한다. 그 두 종합판단은 전적으로 다른 원리를 요구한다. 물론 종합판단들은 그 원칙이 무엇이든지 간에 언제나 모순율에 부합해서 도출되어야 한다. 왜냐하면 어떤 것도 이러한 원칙에 역행할 수는 없기 때문이다. 나는 우선 이 종합판단들을 분류해보고자 한다.

(1) 경험적 판단들은 언제나 종합적이다. 그 까닭은 분석판 IV 268 단을 경험에 기초하게 하는 것은 무의미하기 때문이다. 왜냐하면 분석판단에 있어서 나는 내 개념에서 벗어날 수 없고, 따라서 그것을 위한 경험의 어떤 증거도 필요로 하지 않기 때문이다. '한 물체가 연장적이다'라는 것은 선험적으로 확정되어 있는 명제로 경험판단이 아니다. 왜냐하면 내가 경험으로

나아가기 전에 나는 내 판단을 위한 모든 조건을 이미 개념 안에 갖고 있기 때문이다. 나는 이러한 개념으로부터 모순율에 따라 술어를 이끌어내고 그것을 통해서 경험이 나에게 결코 가르칠 수 없는 판단의 필연성을 의식하게 되는 것이다.

(2) 수학적 판단은 모두 종합적이다. 이 명제는, 비록 그 명제가 반박될 수 없이 명확하고 그 결과가 매우 중요하다 할지라도, 지금까지 인간 이성을 해부해온 사람들의 관찰들에서 전적으로 벗어나 있으며, 그들의 모든 추측과 정확하게 상반된 것처럼 보인다. 왜냐하면 사람들은 수학자의 추리들이 모순율에 따라 진행되기 때문에 (모든 자명한 확실성의 본성이 모순율을 요구한다), 그 원칙들 또한 모순율에서 인식된다고 확신하게 되었다. 바로 이러한 점에서 그 원칙들은 잘못 생각되어지는 것이다. 왜냐하면 하나의 종합 명제가 모순율에 따라서 파악될 수 있으되, 그러나 그것은 다른 종합 명제가 전제되는 한에서 그런 것이지, 결코 그 명제 자체가 그런 것은 아니니 말이다.

다른 무엇보다도 먼저 다음의 것이 인지되어야 한다. 본래의 수학적 명제들은 언제나 선험적 판단들이며, 경험적이지 않다. 왜냐하면 수학적 명제들은 경험에서는 가져올 수 없는 필연성을 수반隨伴하기 때문이다. 그러나 만약 누군가가 이것을 인정하지 않는다면, 나는 나의 명제를 순수 수학에만 국한한다. 순수 수학이라는 개념에는 이미 순수 수학이 경험적

A28

인 것이 아니라, 그것과는 달리 순수한 선험적 인식만을 포함한다는 걸 말하는 것이다.

누구든지 처음에는 '7+5=12'라는 명제가 모순율에 따라 '칠'과 '오'의 합의 개념에서 행해지는 순전히 분석적 명제라고 생각할 수 있다. 그러나 만약 누군가 그것을 더 자세히 관찰한다면, 그는 '칠'과 '오'의 합의 개념이 두 숫자를 오직 하나의 숫자로 결합하는 것 이외에 그 어떤 것도 더 포함하지 않는다는 것을 알게 된다. 이를 통해서는 이 두 숫자를 합한 이 하나의 숫자가 무엇인지가 전혀 생각되어지지 않는다. '십이'의 개념은 결코 내가 단지 '칠'과 '오'의 결합을 생각하는 것을 통해서 생각되는 것이 아니다. 가능한 합에 대한 나의 개념을 길게 분해할 수는 있겠지만, 그렇게 한다고 해서 IV 269; A29 '십이'를 만날 수는 없다. 사람들은 두 수 가운데 하나의 수에 상응하는 직관을 수단으로 삼아서 이 개념 밖으로 나가지 않으면 안 된다. 예를 들어 다섯 개의 손가락을, 혹은 (제그녀Johann Andreas Segner[5]처럼 그의 대수학에서) 다섯 점을, 그리고 점차적으로 직관에 주어진 다섯의 단위들에 일곱의 개념을 덧붙이는 것을 통해서 말이다. 따라서 사람들은 이 '7+5=12'라는 명제를 통해서 자신의 개념을 정말로 확장하고, 첫째 개념에 첫째 개념 안에서는 전혀 생각되지 않는 하나의 새로운 개념을 덧붙인다. 즉 대수학적 명제는 언제나 종합적이다. 만약 좀 더 큰 수들을 예로 들면, 그러한 점은 더

욱 분명해질 것이다. 비록 우리가 원하는 대로 개념을 비틀고 뒤집어본다 해도 직관을 이용하지 않는, 개념들의 분해만으로는 그 총합을 결코 발견할 수 없다는 것이 분명하기 때문이다.

마찬가지로 순수 기하학의 어떤 근본 명제도 분석적이지 않다. '직선은 두 점 사이의 가장 짧은 선이다'라는 것은 종합적 명제이다. 왜냐하면 직선에 대한 나의 개념은 크기〔量〕에 대한 어떤 것도 포함하지 않고, 오직 질〔質〕만을 포함하기 때문이다. 그러므로 가장 짧다는 개념은 전적으로 덧붙여진 것으로 직선의 개념을 아무리 분석해도 결코 거기서 추출될 수 없는 것이다. 여기서는 직관이 보조 수단이 되어야 하며, 이러한 직관을 매개로 해서만 종합이 가능하다.

A30 기하학을 전제하는 몇몇의 다른 원칙들은 아닌 게 아니라 실제로 분석적이고 모순율에서 의거한다. 그러나 그 원칙들은 단지 동일율의 명제와 마찬가지로, 방법의 연쇄連鎖로서 유용할 뿐이지 원리들로서 유용한 것은 아니다. 예를 들면 'a=a', '전체는 그 자체와 동일하다', 혹은 '(a+b)〉a', 즉 '전체는 전체의 부분보다 크다' 등이 그러하다. 이와 같은 명제들 역시, 단지 개념상으로 타당하긴 하지만, 수학에 있어서 그것이 허용되는 이유는 오로지 직관에 있어서 표현되어질 수 있다는 점에 있다. 마치 그런 자명한 판단들의 술어가 이미 우리의 개념 안에 놓여 있는 것처럼, 따라서 그 판단이 분석

적인 것인 양, 우리를 통상적으로 믿게 만드는 것은 순전히 그 표현의 불명료함이다. 결국 우리는 하나의 주어진 개념에 하나의 특별한 술어를 덧붙여서 생각해야 하고, 이러한 필연성은 이미 그 개념들에 부착해 있다. 그러나 문제는 우리가 그 주어진 개념들에 무엇을 덧붙여서 생각해야 하는가가 아니라, 우리가 그 주어진 개념 안에서 실제로, 비록 애매한 사유만이 가능할지라도, 무엇을 생각해야 하는가이다. 거기서 그 술어가 그 각각의 개념들에 필연적이기는 하지만, 직접적으로가 아니라, 덧붙여야 할 직관을 매개로 매달려 있다는 사실이 밝혀진다.

순수한 수학적 인식의 본질적인 점이자 다른 모든 선험적 IV 272; A34 인식과 구별되는 차이점은, 순수한 수학적 인식이 전적으로 개념들에서 생기는 것이 아니라 언제나 개념들의 구성을 통해서(《순수이성비판》, 713쪽) 발생해야 한다는 데 있다. 왜냐하면 순수한 수학적 인식은 순수한 수학적 인식의 명제들에 있어서 개념을 넘어 그 개념에 상응하는 직관을 포함하는 것으로 넘어가야 하기 때문이다. 그래서 순수한 수학적 인식의 명제들은 결코 개념들의 분해를 통해서, 즉 분석적으로 발생할 수 없고 발생해서도 안 되며, 그런 까닭에 모두가 종합적이다.

그러나 나는 자칫 쉽고 중요하지 않아 보이는 이러한 관찰 태만이 철학에 초래한 손실을 짚고 넘어가지 않을 수 없

다. 흄은, 그가 철학자로서 자신의 시선을 순수한 선험적 인
식의 전 영역으로 향하고자 하는, 가치 있는 소명을 느꼈을
때―인간의 지성이 여기서〔순수한 선험적 인식의 전 영역
에서〕 그렇게 지나치게 과장된 소유를 감히 주제넘게도 자
부하고 있을 때―그는 경솔한 방식으로 선험적인 순수 인식
의 가장 중요한 영역 전체, 즉 순수 수학을 순수한 선험적 인
식으로부터 분리해버렸는데, 이는 순수 수학의 본성과 소위
그것의 헌법이 전혀 다른 원칙들에서, 구체적으로 말해서 전
적으로 모순율에서 기인하는 양 상상했기 때문이다. 여기서
내가 한 것처럼 흄이 명제들의 구별을 그렇게 면밀하면서도
전체적으로 혹은 학술적 명명법을 가지고 행하지는 않았다
고 할지라도, 그는 순수 수학은 단지 분석적 명제들을 포함하
는 반면, 형이상학은 선험적 종합 명제들을 포함한다고 주장
하고 있다고 말한 것과 같다. 바로 여기서 그는 매우 잘못된
생각에 빠졌고, 이러한 오류는 그의 전체 개념에 결정적으로
불리한 결과를 가져오게 되었다. 왜냐하면 이러한 착오가 발
생하지 않았다면, 그는 종합판단의 근원을 위한 자신의 물
음을 인과율의 형이상학적 개념 너머로 확장하고, 또한 선험
적 수학의 가능성으로까지 이어나갈 수 있었을 것이기 때문
이다. 그가 선험적 수학을 종합적인 것으로 간주했을 것이니
말이다. 그리고 나면 그는 자신의 형이상학적 명제들을 결코
경험에만 근거 지을 수 없었을 것이다. 왜냐하면 그럴 경우

순수한 수학의 공리들도 마찬가지로 경험에 종속시켜야 하기 때문이다. 하지만 그러기에는 그의 통찰력이 너무나 깊었다. 형이상학이 존속할 수 있는 좋은 사회Die gute Geschellschaft에서 형이상학은 모욕적인 홀대에 대항하여 순수 수학의 공 A36 리들을 안전하게 해주었을 것이다. 왜냐하면 형이상학을 향한 타격打擊은 수학으로도 향할 수 있기 때문이다. 그러나 그것은 그의 견해가 아니었고 그의 견해일 수도 없었다. 그 총명한 사람은 우리가 지금 몰두하고 있는 것들과 유사한 것들을 숙고하게 됐을 것이고, 이러한 숙고는 그의 모방할 수 없는 훌륭한 설명을 통해서 무한한 가치를 얻었을 것이다.[6]

(3)[7] 본래적으로 형이상학적 판단들은 모두 종합적이다. 사람들은 형이상학에 속하는 판단들과 본래적으로 형이상학적인 판단들을 구별해야 한다. 형이상학에 속하는 판단들 가운데 대부분의 판단들은 분석적이지만, 그것들은 단지 학문의 목적이 전적으로 지향하고, 언제나 종합적인 형이상학적 판단들을 가능하게 할 수단을 형성할 뿐이다. 만약 개념들이 형이상학에 속한다면, 실례를 들자면 실체의 개념, 그 개념들의 순전한 분해로부터 발원하는 판단들 또한 필연적으로 형이상학에 속할 것이다. 예를 들면 '실체는 단지 주체로서만 존재하는 것이다' 등등. 그리고 그와 같은 다수의 분석판단들을 매개로 우리는 그 개념들의 정의에 접근하고자 한다. 그러나 순수한 지성개념의 분석은(그와 같은 것을 형이상학이

포함한다) 형이상학에 속하지 않는('공기는 탄력적인 유체이고, 그것의 탄력성은 알려져 있는 어떠한 한냉(寒冷)의 정도에 의해서도 제거되지 않는다') 다른 모든 개념의, 그러니까 또한 경험적인 개념의 분해 이외의 다른 방식으로는 발생하지 않기 때문에, 비록 그 개념은 본래 형이상학적이지만, 그 분석적 판단

A37 은 실제 형이상학적이지 않다. 왜냐하면 이 학문은 어떤 특별함과 그 학문의 고유성을 그 학문의 선험적 인식의 산출(産出) 안에서 갖기 때문이다. 이러한 선험적 인식의 산출이라는 것은 따라서 그 학문이 다른 모든 지성인식과 공통적으로 갖는 것으로부터 구별되어야 한다. 예를 들어 '사물들에서 실체인 모든 것은 고정불변하다'라는 명제는 종합적이고 전형적으로 형이상학적인 명제다.

만약 사람들이 형이상학의 '재료'이며 형이상학의 건축자재를 형성하는 선험적 개념들을 먼저 확실한 원리들에 따라 모은다면, 이러한 개념들의 분해는 매우 중요해진다. 또한 이 분해는 형이상학에 속하는 순전히 분석적인 명제들을 포함하는 특별한 부분(이를테면 철학정의론哲學定義論, philosophia definitiva[8])으로서 형이상학 자체를 형성하는 모든 종합 명제

IV 274 로부터 구별되어 설명될 수 있다. 왜냐하면 실제로 모든 분류는 형이상학 이외의 어느 곳에서도, 즉 최초로 분류된 모든 개념에서 산출되어야 할 종합 명제를 목표로 하는 형이상학 이외의 어느 곳에서도 더 현저한 유용성을 갖는 곳은 없

기 때문이다.

따라서 이 절(§2)의 결론은, 형이상학은 본래 선험적 종합 명제들과 관계해야 한다는 것이고, 이 명제들만이 형이상학의 목적이 된다는 것이다. 이러한 목적을 위해 형이상학은 그 개념들의 많은 분해와 분석판단들을 필요로 한다. 그러나 여기서 그 방법은 다른 모든 인식 종류와 다르지 않다. 이러한 분석적 판단은 분해를 통해서 사람들이 자신들의 개념들을 분명하게 하려고 하는 다른 모든 인식 종 A38 류와 다를 것이 없다. 그러나 직관과 개념들에 따른, 즉 선험적 종합 명제들에 따른, 정확히 말해서 철학적 인식에서 선험적 인식의 산출은 형이상학의 본질적인 내용을 형성한다.

§3

판단들을 일반적으로
분석판단과 종합판단으로 구분하는 것에 대한 주해

A31   이러한 구분은 인간 지성의 비판과 관련하여 없어서는 안
될 것이고 따라서 그것을 구분함에 있어서 전형적이어야 한
다. 나는 이러한 구분이 어딘가 다른 곳에서 현저한 유용성
을 갖는지는 알 수 없다. 어째서 독단적 철학자들—이 독단
적 철학자들은 형이상학적 판단의 원천들을 언제나 형이상
학 자체 내에서만 찾고, 형이상학 밖의 순수한 이성법칙들
일반에서 찾지 않는다—이 (이성법칙) 자체에서 생기는 듯
이 보이는 이러한 구분을 등한시했는지, 어떻게 그 유명한 볼
프Christian Wolff[9]와 그의 발자취를 따르는 명민한 바움가르텐
Alexander Gottlieb Baumgarten[10]이 분명히 종합적인 충분근거율
에 대한 명제의 증명을 모순율에서 찾을 수 있었는지에 대한
이유를 이 점에서 발견하게 된다. 그와 반대로 나는 이미 인
간 지성에 대한 로크의 시도에서 이러한 구분을 위한 실마리
를 만난다. 왜냐하면 로크는 4권 3장 9절 이하에서 먼저 판
단에 있어서의 표상의 각종 결합과 판단의 원천들에 대해서
언급한 이후—이 다양한 결합에 대하여 그는 하나의 결합을
동일성 혹은 모순성에 두고(분석적 판단), 다른 결합을 하나
의 주관에 있어서의 표상들의 실존에 두었다(종합적 판단)—

에 10절에서는 우리의 (선험적) 인식 가운데 표상의 종류는 매우 협소해서 거의 없는 것과 마찬가지라고 고백하기 때문이다.[11] 그러나 로크가 이러한 종류의 인식에 대해서 주장한 것에 있어서 명확한 것과 규칙으로 사용될 것이 거의 없어서, 어느 누구도, 특히 흄조차도 이러한 종류의 명제들에 관해 고찰할 계기를 얻지 못한 것은 놀랄 일이 아니다. 왜냐하 A32 면 사람들은 그와 같이 일반적이고 규정된 원리들을 명확히 이해하지 못하는 다른 사람들에게서 쉽게 배우지 못하기 때문이다. 사람들은 우선 스스로의 사유를 통해서 일반적이고 규정된 원리들에 도달해야 한다. 그런 후에야 사람들은, 그 저자 자신도 일찍이 그들의 소견의 기초에 그러한 이념이 놓여 있다는 것을 알지 못했기 때문에, 앞서 확실히 마주치지 못했던 곳 어디에선가 이러한 원리들을 발견한다. 단 한 번도 스스로 생각할 수 없었던 사람들도, 그것이 그들에게 입증된 이후에는 이미 평소 말해진 것 가운데서, 이전에는 어느 누구도 볼 수 없었던 곳에서 모든 것을 탐지하는 명민함을 갖는다.

프롤레고메나의 일반적 물음:
형이상학은 도대체 가능한가?

§4

학문으로서 주장될 수 있는 형이상학이 실제로 있다면, 사람들은 "여기 여러분이 단지 배우기만 하면 되는 형이상학이 있다. 그리고 그것은 형이상학의 진리를 여러분들에게 저항하기 어렵고 변화시킬 수 없게 확신시킬 것이다"라고 주장할 수 있다. 그리하여 '형이상학은 도대체 가능한가?'라는 물음은 불필요하게 되고, 사태 자체의 실존에 대한 증명보다는 말하자면 '어떻게 형이상학이 가능한지 그리고 어떻게 이성이 형이상학에 이르기를 시작하는지'에 대한 물음, 즉 우리의 명민함을 시험하는 물음들만 남는다. 그런데 이러한 경우 A33 인간 이성은 그렇게 형편이 좋도록 되어 있질 않다. 가령 사람들이 유클리드를 제시하는 것처럼 어떤 유일한 책도 제시할 수 없었고, "이것이 형이상학이다. 여기서 너희들은 순수 이성의 원리들에 의해 증명된 이러한 학문의 가장 품위 있는 목적, 즉 최상의 존재와 내세에 관한 인식을 발견할 수 있다"와 같은 주장도 할 수 없다. 왜냐하면 사람들은 비록 자명하게 확실한, 단 한 번도 이의가 제기된 적 없는 많은 명제들을 제시할 수는 있겠지만, 그들이 제시한 이 명제들은 모두 분석적이고, 형이상학과 더불어 우리의 본래적인 목적이어야 할 인식의 확장보다는 형이상학을 위한 재료나 건축자재와 관계하기 때문이다(§2, c 참고). 그러나 비록 여러분들이 여러분들의 의무인 바처럼, 순전한 이성에 의해 종합 명제들을 선험적으로 증명하지 못한다 해도, 그래도 사람들이 충분히 인정했던 (예를 들면 충분근거율의 명제를) 종합 명제를 제시한다 해도, 만약 여러분들이 여러분들의 주요 목적〔인식의 확장〕을 위해 그것들〔종합 명제들〕을 다루고자 한다면, 여러분들은 허용될 수 없는 불확실한 주장들에 빠져서, 늘 하나의 형이상학은 다른 형이상학에 대해서 그 주장들 자체와 관련해서든지 혹은 그것들의 증명들과 관련해서든지 모순이 되고 그로 인해 지속적인 찬동에 대한 요구를 스스로 파괴시켰던 것이다. 게다가 그러한 학문을 실현하고자 하는 시도들은 의심할 여지없이 그렇게 일찍 발생한 사유방식의 하나인 회의주의의 원인, 즉 이성은 스스로에게 그다지도 가혹했기에 이러한 사유방식은 이성 자신의 가장 중요한 목적들을 충족할 수 없다는 완전한 절망 속에서가 아니라면 발생할 수 없었을 원인이 되었다. 왜냐하면 사람들은 자연에 체계적으 A34 로 묻기 시작하기 이전에, 단지 어떤 규범 안에서 보통의 경험을 통해서 이미 사용되고 있는 자신의 추상된 이성에게 물었기 때문이다. 왜냐하면 이성은 언제나 현전하는 것이지만, IV 272 자연법칙들은 일반적으로 힘들게 탐구해야 하기 때문이다.

그리하여 형이상학은 포말처럼 표면에 떠돌아다녔고, 사람들이 만들어낸 포말이 녹아내리자마자, 또 다른 포말이 표면에 나타났으며 몇몇 사람들이 탐욕스럽게 이 포말을 주워 모았다. 거기서 또 다른 사람들은 이러한 현상의 원인을 깊이 파고들어가는 대신에, 포말을 모으는 사람들의 헛된 수고를 비웃으면서 스스로를 현명하다고 여겼다.

IV 274; A38　　그러므로 우리에게 아무것도 가르치지 않는 독단론에 넌더리가 나고 동시에 우리에게 아무것도, 심지어 허락된 무지의 평온 상태마저 약속하지 않는 회의주의에 넌더리가 나서, 우리가 필요로 하는 인식의 중요성에 의해 강요되어, 우리가 소유한다고 믿었던 것들과 혹은 순수이성이라는 이름하에 우리에게 제공된 모든 것과 관련해 오랜 경험에서 비롯된 불신으로, 우리에게는 남은 것은 단지 '형이상학이 도대체 가능한가?' 하는 하나의 비판적인 물음뿐이다. 이 비판적 물음에 대한 답변에 의해서만 우리는 우리 미래의 거동을 정할 수 있다. 그러나 이러한 물음은 현실적인 형이상학의 어떠한 종류의 주장들을 반박하는 데에서 대답해야 하는 것이 아니라, (왜냐하면 우리는 현재 어떤 형이상학도 타당한 것으로 허용하지 않기 때문에), 그러한 학문의 개연적인 개념에서 답변하지 않으면 안 된다.

《순수이성비판》에서 나는 이 물음에 관해서 종합적으로 작업에 착수했다. 다시 말해서 나는 순수이성 자체 안에서 연구했고, 이 원천 안에서 그 요소들뿐만 아니라 그것들의 순수한 사용의 원칙들을 원리들에 따라 규정하려고 했다. 이것은 쉽지 않은 작업으로 점차 체계 속으로 파고들어가 생각 A39 할 수 있는 결연한 독자를 필요로 한다. 이것은 이성 자신 이외에 주어진 것으로써의 어떤 것도 토대로 삼지 않는 것이고, 따라서 어떠한 실재 사실에도 의지함 없이 인식을 이성의 근원적인 맹아로부터 발전시키고자 하는 것이다. 그에 반해《형이상학 서설》은 예행연습이어야 한다. 그것은 하나의 IV 275 학문을 실현시키기 위해 학문 자체를 진술하기보다는 사람들이 무엇을 행해야 하는지를 보여주어야 한다. 그것〔《형이상학 서설》〕은 사람들이 이미 신뢰할 만한 것으로 알고 있는 어떤 것에 의지해야 한다. 거기서부터 사람들은 안심하고 출발해서 사람들이 아직 모르는 원천들로 올라갈 수 있고, 그 원천들의 발견은 우리에게 사람들이 알았던 것을 설명해줄뿐만 아니라, 전부 상술한 원천들에서 기인하는 많은 인식들의 범위를 눈앞에 나타내줄 것이다.《형이상학 서설》의, 특히 미래의 형이상학을 준비해야 하는《형이상학 서설》의 방법적 태도는 따라서 분석적이 된다.

비록 우리가 형이상학이 학문으로서 실재하는지를 가정할 수 없다 할지라도, 우리는 어떤 순수한 선험적 종합 인식, 곧 순수 수학과 순수 자연과학이 실재하며 이미 주어져 있다는 것을 확신을 가지고 주장할 수 있다. 왜냐하면 이 두 학문은 한편으로는 순전한 이성을 통해서, 다른 한편으로는 경험에서 오는 보편적인 일치를 통해서 어떤 모순도 허용하지 않고 확실하되, 그럼에도 경험으로부터 독립적인 것으로 인정받을 수 있는 명제들을 포함하고 있기 때문이다. 따라서 우리는 이론의 여지가 없는 선험적인 최소한의 몇 가지 종합 인식을 갖고 있다는 것이 분명하기 때문에 여기서 선험적 종합판단이 가능한지 아닌지(왜냐하면 선험적 종합판단은 실재하기 때문에)를 물을 필요가 없고, 단지 주어진 인식의 가능성의 원리로부터 여타의 다른 선험적 종합 인식의 가능성을 도출할 수 있기 위해서, 단지 '어떻게 선험적 종합적 판단이 가능한가'를 물어야 할 따름이다.

A40

프롤레고메나.
일반적 물음,
어떻게 순수이성에 의한 인식이 가능한가?

§5

우리는 위에서 분석판단들과 종합판단들의 두드러진 차이를 보았다. 분석적 명제들의 가능성은 매우 쉽게 납득할 수 있다. 왜냐하면 그 명제들은 다만 모순율에 기초하기 때문이다. 후험적 종합 명제들, 즉 경험에서 생기는 종합 명제들의 가능성도, 특별한 설명이 필요하지 않다. 왜냐하면 경험은 계속되는 지각들의 결합(종합) 외에 다른 어떤 것도 아니기 때문이다. 따라서 가능성이 발견되어야 하고 탐구되어야 할 명제는 오직 선험적 종합 명제들뿐이다. 왜냐하면 선험적 종합 명제들은 모순율과는 다른 원리들에서 근거하기 때문이다.

그러나 우리는 여기서 먼저 그 명제들의 가능성을 찾아서는 IV 276; A41
안 된다. 즉 선험적 종합 명제들이 가능한지 어떤지에 대해서 물어서는 안 된다. 왜냐하면 그러한 명제들은 충분하고, 게다가 논쟁의 여지가 없는 확실성을 가지고 실제로 존재하며, 우리가 지금 지키고 있는 방법은 분석적이어야 하기 때문에 우리는 그런 종합적인, 그러나 순수한 이성인식이 실재한다는 것에서부터 시작해야 한다. 그러나 이때 우리는 이러한 인식의 가능성의 원리들로부터 인식의 사용 조건들, 인식의 범위와 경계들을 규정하기 위해서 이러한 가능성의 근거와 어떻게 이 인식이 가능한지를 탐구하고 묻지 않을 수 없다. 학문적인 정확성을 가지고 표현된 이 근본적인 과제는—이 과제에 모든 것이 좌우된다—다음과 같다.

어떻게 선험적 종합 명제들이 가능한가?

대중성을 얻기 위해서 나는 이 과제를 위에서는 다소 다르게, 다시 말해서 순수이성에 의한 인식에 대한 물음이라고 달리 표현했다. 이번에 나는 이러한 것을 탐구하는 통찰의 손실 없이 확실히 표현할 수 있었다. 왜냐하면 여기서 문제가 되는 것은 전적으로 형이상학과 형이상학의 원천들에 관한 것이기에, 내가 희망하는 것처럼 사람들은 앞서 해둔 주의에 따라, 만약 우리가 여기서 순수이성에 의한 인식에 대해서 언급한다면, 결코 분석적 인식이 아니라 전적으로 종합적인 인식에 대한 언급이라는 것을 언제나 기억하게 될 것이기 때문이다.[*]

A42 이러한 과제의 해결에 형이상학의 존폐와 존립이 전적으로 달려 있다. 누군가는 그 과제에 대한 주장들을 사실 여부

---

[*] 인식이 점점 더 진보해가면, 학문의 유아기에서부터 존재했던 이미 정형화된 어떤 표현들은 나중에는 불충분하고 곤란하게 여겨지고, 더 새롭고 더 적합한 용법은 오래된 용법과 더러 혼동의 위험에 빠진다. 분석적인 방법이 종합적 방법에 반대하여 겨루는 한, 분석적 방법은 분석 명제들의 총괄과는 전적으로 다르다. 분석적 방법은 마치 사람들이 찾아야 하는 것이 주어져 있는 양 전제하는 것이고 그 조건들로 올라가는 것이다. 그 조건들 아래에서만 그것이 가능하다. 이러한 종류의 교습법에서 사람들은 종종 순전한 종합 명제를 사용한다. 마치 수학적 분석들이 그것에 대해서 한 가지 예를 보여주는 것처럼, 수학적 분석들은 종합적synthetisch 혹은 전진적progressive 방법과 구별되는 배진적regressive 방법에 더 잘 기여한다. 게다가 분석학이라는 명칭은 논리학의 중심 부분으로 여겨지는데, 바로 거기에서 본래 논리학에 속하는 인식은 분석적인지 종합적인지에 대한 고려 없이 진리의 논리학die Logik der Wahrheit으로서, 변증의 논리학die Logik der Dialektik과 대립된다.

가 분명하지 않은 것을 가지고 진술할 수 있고, 질식할 정도로 추론들에 추론들을 쌓아올릴 수 있다. 하지만 만약 그가 IV 277 이전에 그런 모든 물음에 충분하게 대답할 수 없었다면, 나는 '그것은 모두 공허하고 근거 없는 철학이고 기만하는 지혜다. 당신은 주어진 개념들을 분류하는 것이 아니라, 모순율에 의거한 것도 아니면서도, 모든 경험으로부터 독립해서 통찰했다고 잘못 생각하는 새로운 결합을 증거 없이 사칭하면서, 순수이성을 통해서 말하고 감히 주제넘게 선험적 인식을 만들어냈다고 자부한다. 어떻게 당신은 이에 이른 것이며, 어떻게 당신은 그러한 월권들을 행사해서 당신 자신을 A43 정당화하려고 하는가? 당신에게 일반적인 인간 이성에 호소하는 것은 허락될 수 없다'라고 정확히 말할 것이다. 왜냐하면 그런 것은 그 위엄이 단지 공중의 평판에 의거할 뿐인 증언이니 말이다.

나는 당신이 나에게 입증하려는 모든 것을 믿지 않으며 그것을 싫어한다.

호라티우스12

'어떠한 선험적 종합적 판단이 가능한가?'라는 물음에 대한 답변은 꼭 필요하지만 동시에 무척 어려운 일이다. 어째서 사람들이 이런 물음을 그렇게 오랫동안 답하지 않았는지에 대한 주된 원인은 사람들이 단 한 번도 그것이 질문될 수 있다는 사실을 생각하지 않았다는 점에 있지만, 그 두 번째 원인은 이러한 물음에 만족스러운 대답이 언젠가 첫 출판에서 저자에게 저작의 불멸을 약속했던 형이상학에 대한 가장 상세한 저작보다 훨씬 더 지속적이고 심원한, 그리고 막대한 노력이 필요한 사색을 요구한다는 데 있다. 또한 통찰력 있는 모든 독자가 이 과제를 그것의 요구에 따라서 주의 깊게 숙고한다면, 처음에는 그것의 어려움에 경악하여 그 과제를 해결할 수 없는 것으로 간주할 것이며, 만약 순수한 선험적 종합 인식이 형이상학에 실제로 존재하지 않는 것이라면, 이 과제를 전적으로 불가능한 것으로 여겼을 것이다. 이러한 일이 데이비드 흄에게 실제로 발생했다. 비록 그가 그 대답이 전체 형이상학을 위해서 결정적으로 중요한 것이 되어야 한다는 측면에서, 여기서 발생해야 하고 발생했어야 할 보편성에서 그 물음을 소개하지 못했다 할지라도 말이다. 그 총명한 사람이 이렇게 말했다. '만약 나에게 하나의 개념이 주어져 있다면, 내가 그 개념을 넘어서 그 개념에 전혀 포함되어 있지 않은 다른 개념을, 마치 후자가 전자에 필연적으로 속하는 것인 양, 그 개념과 결합시킬 수 있는 것이 도대체 어떻게 가능한가? 오직 경험만이 우리에게 저런 결합을 제공할 수 있으며(그는 그가 불가능하다고 간주했던 저 어려움으로 인해 그렇게 결론을 내렸다), 모든 이러한 거짓된 필연성을 제공할 수 있다. 모든 저러한 추정된 필연 혹은 같은 말이지만, 그렇게 간주된 선험적 인식은 어떤 것을 참된 것으로 보고, 그래서 주관적 필연성을 객관적 필연성으로 간주하는 오래된 습관에 지나지 않는다.'

만약 내가 이러한 과제의 해결을 통해서 끼칠 노고와 수고 IV 278 에 대해서 불평하는 독자가 있다면 스스로가 그 과제를 좀 더 쉬운 방식으로 해결하려는 시도만이라도 해볼 일이다. 그러고 나면 아마도 그는 그를 위해서 그렇게 심오한 탐구를 떠맡은 사람에게 감사할 의무가 있음을 깨달을 것이며, 틀림없이 사태의 특성상 이런 식의 해결조차 주어질 수 있는 용이함에 대해서 감탄하게 될 것이다. 또한 이 과제를 보편성 (마치 수학자가 이 단어를 이해하는 것처럼, 말하자면 모든 경우에 타당한)에서 해결하기 위해서 또한 독자가 여기서 마주치는 바와 같이 분석적 형태로 설명할 수 있기 위해서 그는 여러 해 동안 지속적인 노력을 기울였을 것이다.

따라서 모든 형이상학자는 그들이 '어떻게 선험적 종합 인식 A45 이 가능한가?'라는 물음에 충분하게 대답할 수 있을 때까지, 줄곧 그들의 업무로부터 엄숙하고 적법하게 정직당해 있는 것이다. 왜냐하면 형이상학자들이 순수이성의 이름으로 우리에게 무엇인가를 제안해야 할 때, 형이상학자들이 제시해야 하는 신임장은 오직 이 대답 안에만 놓여 있기 때문이다. 이러한 신임장 없이는 이미 그렇게 자주 기만당해온 이성적인 사람들이 형이상학자들의 제안을 더 이상 탐구해보지도 않고 거절할 것이라는 점은 너무나 명백하다.

이에 반해 만약 형이상학자들이 그들의 작업을 학문으로서가 아니라, 유익하고 일반적인 인간지성에 적합한 설득의 기술로서 행했다면, 그들에게 그들의 직업이 금지되는 일은 없었을 것이다. 따라서 형이상학자들은 이성적 신앙이라는 겸손한 언어die bescheidene Sprache eines vernüftigesn Glauben를 사용할 것이고, 그들에게는 모든 가능한 경험의 경계 저편에 놓여 있는 것에 대해서 어떤 것을 알기는커녕, 단 한 번의 추측도 허락되지 않으며, 오로지 삶 속에서 지성과 의지의 이끎을 위해 가능하고, 또 없어서는 안 될 무엇인가를 (사변적 사용을 위한 것이 아니라, 왜냐하면 사변적 사용에 대해서 형이상학자들은 포기해야만 하기 때문에, 오히려 전적으로 실천적〔사용〕을 위해) 가정하는 것만이 허락됨을 인정할 것이다. 오직 그렇게 함으로써 형이상학자들은 유용하고 현명한 사람들이라는 이름을 얻을 것이다. 그들이 형이상학자의 이름을 포기하면 할수록 더욱더 그럴 것이다. 형이상학자들은 사변 철학자가 되고자 할 것인데, 만약 선험적 판단에 성패가 달려 있을 때, 사람들은 그것을 실속 없는 개연성으로 방치할 수 없으므로 (왜냐하면 원칙으로 정한 것에 따라서 선험적으로 인식되었다고 주장되는 것은 바로 그로써 필연적인 것으로써 알려지는 것이기 때문이다), 추측들을 가지고 유희하는 것은 그들에게 허용될 수 없고, 오

A46

히려 그들의 주장은 학문이어야 하거나, 전혀 아무것도 아닌 것이지 않으면 안 되기 때문이다.   IV 279

모든 형이상학에 필연적으로 선행하는 온전한 초월철학die ganze Transzendentalphilosophie은 그 자체가 여기서 제기된 문제를 오로지 체계적 질서와 상세함으로 완전하게 해결하는 것 외에 다른 어떤 것도 아니라는 것을 말할 수 있겠다. 그러므로 사람들은 지금까지 어떤 초월철학도 갖지 않았다. 왜냐하면 초월철학이라 이름 붙일 수 있는 것은 단지 형이상학의 일부분이되, 전자〔초월철학〕의 학문은 먼저 후자〔형이상학〕의 가능성을 보장해야 하고 따라서 모든 형이상학에 앞서서 나타나야 하기 때문이다. 그러므로 사람들은 오직 하나의 물음에 충실히 대답하기 위해서, 그 물음의 해결이 수고로움과 난해함, 게다가 불명료함과 결부되어 있을 경우에, 다른 어떤 학문들로부터 일체의 원조도 기대할 수 없기 때문에, 완전히 새로운 학문이 필요하다는 사실에 놀라서는 안 된다.

우리가 지금 이 해결에 착수함으로써, 보다 정확히 말해서 우리가 순수이성에서의 그런 인식이 실재한다는 것을 전제하는 분석적 방법에 따라서 착수함으로써 우리는 이론적 인식의 (여기서 언급되고 있는) 두 가지 학문들, 즉 순수 수학과 순 A47 수 자연과학을 증거로 삼을 수 있다. 왜냐하면 오직 이 학문들만이 직관 안에서의 대상들을 구체화시킬 수 있고, 따라서 이 학문들 안에서 선험적 인식이 생길 경우에, 진리 혹은 선험적 인식과 구체적인 대상과의 일치를, 즉 선험적 인식의 실재성을 입증할 수 있다. 그러고 나서 그러한 실재성에서 선험적 인식의 가능성의 근거에로까지 분석적인 방법으로 진행해나갈 수 있다. 이러한 방식이 작업을 매우 수월하게 만든다. 이 작업에서 일반적인 고찰들은 사실들에 적용될 뿐만 아니라 사실들에서 출발하기도 한다. 반면에 일반적 고찰들은 종합적 방식에서 전적으로 추상적으로in abstracto 개념들로부터 도출되지 않으면 안 된다.

그러나 이 실재적이며 동시에 근거 지어진 순수한 선험적 인식들로부터 우리가 찾는 하나의 가능한 인식, 즉 학문으로서의 형이상학으로 전진하기 위해서, 형이상학을 야기하고 순전히 자연적으로 주어진, 그것이 비록 형이상학의 진리를 위해서는 의심스럽지만, 선험적 인식이 그 근저에 놓여 있는 것, 이러한 인식에 대한 검토가 선험적 인식 가능성에 대한 모든 비판적 탐색 없이도 습관적으로 형이상학이라 명명되는 것, 한마디로 말하면 그러한 학문을 위한 천성을 우리들의 주된 물음과 관련해서 이해해야 할 필요가 있다. 그래IV 280 서 그 주요한 초월적 물음은 네 가지 다른 물음으로 세분되어 순차적으로 답변될 것이다.

A48 (1) 어떻게 순수 수학이 가능한가?

(2) 어떻게 순수 자연과학이 가능한가?

(3) 어떻게 형이상학 일반이 가능한가?

(4) 어떻게 형이상학이 학문으로서 가능한가?

    비록 이러한 과제들의 해결이 《순수이성비판》의 본질적인 내용을 현시해야 할지라도, 그것은 또한 그 자체만으로도 주목할 가치가 있는 어떤 독특함을 갖는다. 구체적으로 말하자면 현존하는 학문들을 위한 원천들을 이성 자체 안에서 찾아, 그렇게 하여 어떤 것을 선험적으로 인식하는 이 이성의 능력을, 행위 자체를 매개로 탐구하고 측정하는 일 말이다. 이를 통해서 이 학문들 자체는, 비록 이 학문들의 내용과 관련된 것이 아닐지라도, 학문들의 올바른 사용과 관련해서 얻는 바가 있고, 그것들〔학문들〕의 공통적인 근원을 위하여 보다 고차적 물음에 빛을 비춤으로써 학문들의 고유한 본성을 명백하게 하는 계기를 만든다.

초월적 주요 물음.
제3편.
어떻게 형이상학 일반이 가능한가?

§40

순수 수학과 순수 자연과학은 그것들의 고유한 안전성과 확실성을 위해서 우리가 지금까지 이 두 가지 학문에 대해 했던 것과 같은 그러한 연역을 필요로 하지 않았을 것이다. 왜냐하면 전자(순수 수학)는 자신의 고유한 명증성에 근거를 두고, 후자(순수 자연과학)는 지성의 순수한 원천들에서 발생한다 할지라도 경험과 경험의 철저한 증명에 근거를 두기 때문이다. 순수 자연과학이 경험의 마지막 증거들을 완전히 부인하거나 없앨 수 없는 이유는 그것이 그 모든 확실성에도 불구하고 역시 철학[13]으로서는 수학과 필적할 수 없기 때문이다. 따라서 이 두 학문은 자기 자신을 위해서가 아니라 다른 학문, 즉 형이상학을 위해서 앞서 서술했던 탐구를 필요로 했던 것이다.

경험 안에서 자신들의 적용을 발견하는 자연개념들과 관계하는 것 외에, 형이상학은 언제인가 가능한 경험 안에서는 절대로 주어지지 않는 순수이성개념들과, 따라서 그것들[개념들]의 객관적 실재성(그것[개념들의 객관적 실재성])은 한갓 비실재적인 상상이 아니다)이 어떤 경험을 통해서 증명되거나 발견될 수 없는 개념들과, 어떤 경험을 통해서도 그것들(주장들)의 진리와 허위가 증명될 수 없거나 발견될 수 없는 주장들과도 관계한다. 형이상학의 이 부분은 명확히 형이상학의 본질적 목적—이러한 형이상학의 본질적 목적을 위해서 다른 모든 것은 한갓 수단에 불과하다—을 형성하는 것이고, 그래서 이 학문은 학문 자체를 위해서 그러한 연역을 필요로 한다. 여기 우리 앞에 놓인 제3편의 물음은 형이상학의 핵심과 특징, 즉 이성의 오직 자기 자신에의 몰두와 관계하는 것이고, 이성이 자신의 고유한 개념들을 곱씹음으로써, 직접적으로 그로부터 잘못 생각하여 생긴 대상과의 관계에 대한 것이다. 그러나 그 관계를 위해서 경험의 매개가 필요하지 않고, 더 나아가 경험을 통해서 대상과의 관계에 이를 수 없다.*

이 물음을 해결하지 않고서는 이성은 결코 스스로 만족할 A126 수가 없다. 이성은 순수 지성을 경험적 사용에 제한하고 있 IV 328

---

* 사람들이 모든 인간의 이념 안에서 적어도 하나의 학문이 실재한다는 것을 주장할 수 있고 그 학문으로 인도하는 과제가 인간 이성의 본성을 통해서 모든 사람 앞에 제기되며, 그런 까닭에 언제나 그 학문에 대해서 비록 결점이 있더라도 많은 시도들이 불가피하다는 것이 확정되기만 한다면, 사람들은 또한 형이상학이 실제로 주관적으로 (게다가 필연적인 방식으로) 현실적이라고 말하지 않을 수 없고, 거기서 우리가, 어떻게 형이상학이 (객관적으로) 가능한지를 묻는 것은 정당하다.

는데, 경험적 사용으로서는 이성 그 자신의 전체 사명을 완전히 충족시킬 수 없다. 모든 개별 경험은 어느 것이나 경험의 전체 범위 가운데 일부분에 불과하고, 모든 가능한 경험의 절대적 전체는 그 자체 결코 경험이 아닌데, 그런데도 이성에게 있어서 하나의 필연적 과정이니, 이 과제의 단지 표상을 위하여 이성은 앞서 설명한 순수지성개념과는 전혀 다른 개념들을 필요로 한다. 모든 가능한 경험의 절대적 전체에 대한 순수한 표상을 위해서 이성은 단지 내재적immanent [14]이다. 달리 말하면 이성은 경험이 주어질 수 있는 한에 있어서 경험에 관계한다. 그런데 그러는 사이에 이성개념들은 완전성, 즉 가능한 전체 경험과 모든 가능한 경험의 집합적인 통일을 목적으로 하고 그럼으로써 모든 현존하는 경험을 넘어서서 초재적transzendent [15]으로 된다.

지성이 경험을 위해 범주들을 필요로 했듯이, 이성은 '자체' 안에 이념들을 위한 근거를 함유하고 있다. 이 이념들이라는 개념 아래에서 나는 분명 어떤 경험 안에서도 주어질 수 없는 필연적인 개념들을 이해한다. 전자[경험을 위한 범주들]가 지성의 본성 안에 놓여 있는 것처럼, 후자[이념들의 근거를 위한 필연적 개념들]는 이성의 본성 안에 놓여 있다. 만약 이 이념들의 근거를 위한 필연적 개념들이 쉽게 미혹할 수 있는 가상을 지닌다면, '그러한 가상이 그릇된 길로 인도하지 않도록' 예방할 수 있다 하더라도 이러한 가상은 불가피한 것이다.

모든 가상은 판단의 주관적인 근거가 객관적인 것으로 간 A127
주되는 데서 성립하므로, 순수이성의 자기 인식은 이성의 초
재적(과장된überschwenglich) 사용 안에서 이성이 빠져들어가
는 혼란에 대비하는 유일한 수단이 될 것이다. 이성이 자신
의 사명을 잘못 이해하고 단지 이성의 고유한 주관과 모든
내재적 사용 안에서의 주관의 이끎Leitung을 내용으로 하는
것을 초재적 방식으로 객관 자체에 관련지으려 할 때, 이성
은 미망迷妄으로 빠져든다.

§41

이념들, 즉 순수이성개념들을 전혀 다른 방식의, 근원의, 사
용의 인식으로서의 범주들, 즉 순수한 지성개념들과 구별하
는 것은 모든 선험적 인식 체계를 포괄하여야 할 학문의 정초
를 위해서 대단히 중요한 사항이다. 그러한 구별 없이 형이 IV 329
상학은 절대로 불가능하며, 기껏해야 규칙도 없고 사람들이
다뤄야 할 재료와 이러저러한 의도를 위한 재료들의 유용성
에 대한 지식도 없이 카드로 만든 건물Kartengebäude〔공중누각
空中樓閣〕[16]을 세우려는 미숙한 시도가 된다. 만약《순수이성
비판》이 이러한 구별〔순수한 이성개념들과 순수한 지성개
념들의 구별〕을 처음으로 주목했다면, 그것만으로도《순수

이성비판》은 순수이성의 초재적 과제들을 충족시키기 위해 행해진 모든 열매 없는 노력보다 형이상학의 영역 안에서 우리의 개념 해명[17]과 탐구의 이끎을 위해서 훨씬 더 많은 기여를 한 것이다. 사람들은 옛날부터 자신들이 지성의 영역과는 전혀 다른 영역 안에 처해 있다는 것을 생각해본 적도 없이 이러한 순수이성의 초재적 과제를 감행하거니와, 그런 까닭에 마치 지성개념들과 이성개념들이 같은 종류의 것인 양 동일 선상에서 열거했다.

§42

모든 순수한 지성인식은 그 개념들이 경험 안에서 주어지고, 그 원칙들이 경험을 통해서 증명되는 그런 것들이다. 그에 반해서 초재적 이성인식들은 이성인식의 이념들을 내용으로 하는 그 어떤 것도 경험에서 주어지지 않고 초재적 이성인식의 명제들이 경험을 통해서 증명된 적도 반박된 적도 없다. 그런 까닭에 그러한 경우 혹시 슬쩍 끼어드는 오류는 순수이성에 의해 들춰질 수는 있으나 그런 일은 매우 어렵다. 왜냐하면 바로 이 이성이 자신의 이념을 매개로 자연적 방식으로 변증적으로 되기 때문이며,[18] 이러한 불가피한 가상은 사태들의 어떤 대상적이고 교조적인 탐구에 의해서가 아

니라, 그것과는 달리 오직 이념들의 원천으로서 이성 자체의
주관적인 탐구에 의해서만 억제될 수 있기 때문이다.

§43

《순수이성비판》에서 나의 가장 큰 주안점은 어떻게 내가
항상 인식의 종류들을 신중하게 구별할 수 있는지에 대한 것
뿐만 아니라, 각각의 인식의 종류들에 속하는 모든 개념을
그것들의 공통적인 원천에서 어떻게 끌어낼 수 있는가에 있
었다. 나는 개념들이 어디에서 파생했는지를 앎으로써 개념 A129
들의 사용을 확실하게 규정할 수 있었을 뿐만 아니라 선험
적 개념들의 열거, 범주화, 자세한 설명에 있어서, 다시 말해
서 원칙들에 따라서 인식하는, 일찍이 누구도 짐작한 바 없
는, 그러나 평가할 수 없을 정도로 대단히 귀중한 이점을 얻
을 수 있었던 것 같다. 이러한 것 없이는 형이상학에서 모든
것은 엉터리 광시곡狂詩曲으로서 사람들은 자신이 소유한 것
이 충분한 것인지 아닌지, 혹은 무엇인가가 빠지지 않았는
지, 어딘가에서 빠지지 않았는지를 알 수 없다. 당연히 이러 IV 330
한 장점을 사람들은 오직 순수한 철학에서만 가질 수 있고,
이것이 철학의 본질을 이룬다.
　나로서는 지성의 모든 판단의 네 가지 논리적 기능들 안에

서 범주들의 근원을 발견했기 때문에, 이념들의 근원을 이성추리들의 세 가지 기능들에서 찾는 것은 매우 당연한 일이다. 왜냐하면 순수이성개념들(초월적 이념들)이 현존한다면 순수이성개념들은, 사람들이 순수이성개념들을 타고난 것으로 간주하려고 하지 않는 한, 동일한 이성활동Vernunfthaldung 외에 어느 곳에서도 만날 수 없기 때문이다. 이 이성활동은, 이성개념들이 오직 형식과 관계할 때는 이성추리들의 논리성을 형성하지만, 지성판단들을 하나의 혹은 다른 선험적 형식을 고려하여 규정된 것으로 표상할 경우에는 순수이성의 초월적 개념들을 형성한다.

A130 이성추리들의 형식적 차이는 이성추리들을 필연적으로 정언적, 가언적, 선언적 이성추리로 분류하게 한다. 이성추리의 형식적 차이에 근거한 이성개념들은 첫째로 완전한 주체의 이념(실체), 둘째로 조건들의 완전한 계열의 이념, 셋째로 가능한 것의 절대적인 전체의 이념 안에서의 모든 개념의 규정을 포함한다.* 첫째 이념은 인간의 영혼psychologisch과 관련된 것이었고, 둘째 이념은 우주론적kosmologisch인 것이며, 셋째 이념은 신학적theologisch인 것이었다. 그리고 이 모든 세 이념들은 각각의 고유한 방식에 따라 변증법을 초래했기 때문에, 그에 의거하여 순수한 이성의 전체 변증법의 구분은 이로 말미암아 즉 오류추리론Paralogismus으로, 이율배반Antinomie으로 그리고 마지막으로 순수이성의 이상Ideal으로 구별되게

된다. 이러한 도출을 통해서 사람들은 순수이성의 모든 주장들이 여기서 충분히 완전하게 제시되고 그 어떤 유일한 것도 빠질 수 없다는 것을 확실하게 보증받게 된다. 왜냐하면 순수이성의 모든 주장들이 자신들의 원천으로 삼는 이성능력 자체는 그렇게 함으로써 완전하게 측정되기 때문이다.

§44

이러한 고찰에서 일반적으로 이성이념들은 범주들과 달 IV 331
리 경험에 관한 지성의 사용에는 쓸모가 없으며, 오히려 완전히 없어도 되는 것이며, 심지어 자연의 이성인식의 준칙들과 관련해서는 어긋나고 방해가 되지만, 그럼에도 불구하고

---

* 우리는 선언적 판단에서 모든 가능성을 어떤 한 개념과 관련하여 구분된 것으로서 간주했다. 한 사물 일반의 예외 없는 규정의 존재론적 원칙은 (모든 가능한 반대되는 술어들 중에서 한 술어가 각각의 사물에 속성이 된다) 동시에 모든 선언적 판단의 원칙이다. 이러한 선언적 판단의 원칙이면서 동시에 존재론적인 원칙은 모든 가능성의 전체를 토대로 한다. 그리고 이 가능성의 전체 안에서 각각의 사물들의 가능성은 규정된 것으로 간주된다. 이것이 위의 명제에 대한 작은 해명에 도움이 된다. 선언적 추리들안에서 이성의 행위는 형식에 의해서 그러한 것과 동일하다. 여기서 '그러한 것'은 그것에 의해서 이성이 모든 실재의 전체 이념을 성취하는 그런 것이며, 서로 반대되는 술어들의 긍정적인 것을 그것 자체 안에 포함한다.

규정해야 할 다른 목적19에 있어서는 필연적이라는 점은 주의할 만한다. 영혼이 단순한 실체인지 아닌지는, 영혼의 현상을 설명하는 데 있어서는 중요한 문제가 아닐 수 있다. 왜냐하면 우리는 하나의 단순한 실체ein einfaches Wesen라는 개념을 어떤 가능한 경험을 통해서도 감각적으로, 다시 말해서 구체적으로 이해할 수 없기 때문이다. 이 단순한 실체의 개념은 현상들의 원인이라 기대된 모든 통찰에 관해서는 전혀 의미가 없어서, 내적 혹은 외적 경험을 제공하는 것에 대한 설명의 원칙으로서 사용될 수 없다. 마찬가지로 세계의 시초나 영원성a parte ante에 대한 우주론적인 이념들도 우리에게 세계 자체 안에서 일어난 어떤 하나의 사건을 그것들(우주론적인 이념들)로부터 설명하는 데는 쓸모없다. 끝으로 우리는 자연철학의 올바른 준칙에 의거해 최상의 존재가 지닌 의지로부터 이끌어지는 자연설계의 모든 설명을 포기해야 한다. 왜냐하면 이렇게 설명한 것은 더 이상 자연철학이 아니며, 자연철학과의 관계가 우리에게서 완전히 소멸되었다는 자백에 불과하기 때문이다. 따라서 이 이념들은 이념 자신의 사용에 있어서 범주들을 통해서 그리고 범주들로 만들어지는 원칙들을 통해서 경험 자체를 최초로 가능케 하는 저 범주들과는 전적으로 다른 사명을 갖는다. 그러나 만약 우리의 의도가 단지 경험에서 주어지는 순전한 자연의 인식 이외 어떤 다른 것으로도 향하지 않는다면, 자연의 인식이 경험 안

A132

에서만 주어질 수 있는 것과 마찬가지로, 우리들의 수고스러운 지성의 분석은 불필요하게 될 것이다. 왜냐하면 이성은 수학에서뿐만 아니라 자연과학에서도 이러한 주밀한 연역 없이도 이성 자신의 활동을 확실하게 잘 수행하기 때문이다. 우리의 지성 비판은 지성의 경험적 사용을 넘어서 있는 바의 의도를 위하여, 순수이성의 이념들과 협력할 것이다. 우리는 앞에서 이미 지성의 사용이 경험의 범위 밖에서는 전적으로 불가능하고 대상도 없고 의미도 없다는 것을 주장했다. 그럼에도 불구하고 이성과 지성의 본성에 속하는 것 사이에 일치점이 있어야 하고, 전자〔이성의 본성〕는 후자〔지성의 본성〕의 완전성을 위해서 기여해야 하는 것으로 그것의 본성을 교란攪亂할 수는 없다.[20]

이 물음의 해결은 다음과 같다. 순수이성은 자신의 이념들 중에서 경험의 영역 너머에 있는 특수한 대상들을 염두에 두 IV 332 지 않고, 단지 경험과 관련하여 지성사용의 완전성을 촉진한다. 이러한 완전성은 단지 원리들의 완전성이지, 직관들이나 대상들의 완전성은 아니다. 그럼에도 불구하고 이 원리들을 명확하게 표상하기 위해서 이성은 그러한 것들〔원리들〕을 모든 규칙과 관련해서 완전히 규정된 대상의 인식[21]으로 생각하는 것이다. 그러나 그러한 대상은 오직 지성인식을 모든 이념이 가리키는 완전성에 될 수 있는 대로 접근시키기 위한 하나의 이념일 뿐이다.

§45

순수이성의 변증론에 관한
예비적 설명

우리는 앞 §33, §34에서 감성적인 규정들과 전혀 섞일 수 없는 범주들의 순수성이 이성으로 하여금 범주들의 사용을 전적으로 모든 경험을 넘어서 사물들 자체에까지 확장하도록 미혹할 수 있다는 것을 입증했다. 그렇지만 범주들 자신은 그것들에게 의미와 의의를 구체적으로 마련해줄 그 어떤 직관도 발견하지 못하기 때문에, 한갓 논리적인 기능들로서 사물 일반을 표상할 수는 있겠지만 어떤 사물에 대해서도 규정된 개념은 줄 수 없다. 이러한 종류의 과장적hyperbolisch[22] 대상들이 바로 예지체Noumena(叡智體), 혹은 순수한 지성존재 (더 적절하게는 사유존재Gedankenwesen)라 일컫는 대상들이다. 예를 들면 실체Substanz이면서 시간에 있어서의 지속성 없이 생각되는 것 또는 원인이면서 시간에 있어서 시작하지 않는 것 등등이 과장적인 것이다. 왜냐하면 사람들은 그러한 것들 〔과장적 대상들〕에게 단지 경험의 합법칙성만을 가능하게 하는 술어들을 부여하고, 모든 직관의 조건―이러한 직관의 조건들 아래에서만 경험이 가능하다―을 그것들〔과장적 대상들〕로부터 제거하기 때문이다. 이러한 것을 통해 저 개념들은 또다시 모든 의미를 잃어버린다.

그러나 지성이 지성 자체로부터, 낯선 원칙으로부터 강요 받음이 없이, 자신의 경계를 넘어서 용감하게 순전한 사유존 재의 영역으로 일탈할 위험은 없다. 만약 제약되는 것으로서 의 지성규칙의 경험적 사용으로는 완전히 만족할 수 없는 이 성이 이러한 제약들의 사슬의 완성을 요구한다면, 지성은 자 A134 신의 영역으로부터 일부는 가능한 한 넓게 펼친 [그래서] 어 떤 경험으로도 붙잡을 수 없는 계열 안에서, 경험의 대상들 을 표상하기 위해서 [지성 자신의 영역의 바깥으로] 내몰리 고, 일부는 더욱이 (이 계열을 완성하기 위해서) 이 계열의 밖 IV 333 에서 예지체를 찾기 위해 내몰린다. 이 예지체에서 이성은 모 든 사슬을 연결할 수 있고, 그것에 의해, 경험적 조건들로부 터 결국에는 독립해서, 이성의 이행Haltung을 완전하게 할 수 도 있다. 그것이 바로 초월적 이념들die transzendentalen Ideen[23] 이다. 이 초월적 이념들은, 비록 본래의, 그러나 숨겨진 우리 의 이성의 본성 규정의 목적에 따라서 과장된 개념들을 목표 로 하는 것이 아니라, 오직 경험사용의 제약되지 않은 확장 을 목표로 한다 할지라도, 불가피한 가상을 통해서 지성을 초 재적超在的 사용으로 유혹한다. 이 초재적 사용은 기만적인 것 임에도 경험의 경계 안에서 머무르도록 하는 어떤 보조 장치 를 통해서가 아니라, 오직 학문적인 가르침과 노력으로만 제 한될 수 있을 것이다.

§46

I. 영혼론적 이념들

(《순수이성비판》, 341쪽 이하[24])

IV 333 　사람들은 모든 실체에서 본래적인 주체das eigentliche Subjekt, 다시 말해서 (술어들로서의) 모든 우연적인 것들이 배제되고 난 후에도 남는 것, 즉 실체 자체das Substantiale selbst 가 우리에게 알려지지 않는다는 것을 이미 오래 전부터 알았고, 우리의 통찰의 한계에 대해서 여러 가지로 못마땅하게 여겨왔다. 그러나 이런 경우에 충분히 명심해야 할 것은: 인간의 지성이 사물의 실체를 알 수 없다는 것에, 즉 그 지성 자체만으로는 실체적인 것을 규정할 수 없다는 것에 대해서가 아니라, 오히려 인간의 지성이 하나의 순수한 이념으로서의 사물의 실체를 현존하는 대상처럼 동일하게 규정적으로 인식하기를 요구한다는 것에 책임이 있다는 것이다. 순수이성은 우리가 하나의 사물의 모든 술어에 대해서 그 사물에 속하는 그 사물의 주체를, 그러나 필연적으로 재차 술어가 될 뿐인 이 주체에 대해서 거듭하여 다시 그것[주체]의 주체를 무한히 (혹은 우리가 다가갈 수 있는 데까지) 나아가 찾을 것을 요구한다. 그러나 이러한 점에서 우리가 그에 도달할 수 있는 그 어떤 것도 최종적 주체로 간주해서는 안 된다는 것, 실체 자체는 깊게 파고들어가는 우리의 지성에 의해서는, 비록 그것〔지성〕에게 〔그 실체 자체의〕 전체 본성이 발견된다 할지라도, 결코 생각될 수 없다는 결론에 도달한다. 왜냐하면 우리 지성의 특별한 본성은 모든 것을 추론적으로, 즉 개념들을 통해서, 절대적 주체에게는 언제나 부족할 수밖에 없는 술어만을 통해서 생각할 수 있다는 데에 주요 특징이 있기 때문이다. 그러한 까닭에 모든 실재적 속성 — 이러한 모든 실재적 속성을 통해서 우리는 물체를 인식한다 — 은 순전히 우유성Akzidenzen(偶有性)25에 입각한 것이며, 게다가 불가투입성 IV 334 Undringlichkeit(不可透入性)26마저도 그러한 것으로, 이러한 〔물리적〕 불가투입성을 우리는 언제나 단지 힘의 작용으로서 설명해야 한다.

그런데 우리는 마치 우리 자신의 의식(사유하는 주체denken- A136 den Subjekt) 안에서 이러한 실체적인 것을 갖고 있는 것인 양, 게다가 직접적인 직관 안에서 갖는 것처럼 생각한다. 왜냐하면 내감의 모든 술어는 주체로서의 나das Ich에 연결되고, 이것은 더 이상 어떤 다른 주체의 술어로서도 생각될 수 없기 때문이다. 여기서 술어로서 현존하는 개념의 주체와의 연관 안에서 완전성은 단지 이념이 아니라 대상, 다시 말해서 실재하는 절대적 주체das absolute Subjekt 자체가 (경험 안에) 주어진 것으로 본다. 그러나 이러한 기대는 수포로 돌아가게 된다. 왜냐하면 나라는 것은 결코 개념*이 아니라, 우리가 어떤 술어를 통해서도 나das Ich라는 것을 인식할 수 없는 한에서, 내감의 표기表記일 따름이다. 따라서 나라는 것은 그 자체로an sich 어떤 다른 사물의 술어가 될 수 없지만, 마찬가지로 또한 절대적 주체의 규정된 개념일 수도 없으며, 모든 다른 경우에 서처럼, 내적 현상들과 그 내적 현상들의 알려지지 않은 주체 와의 관계일 수 있다. 그럼에도 불구하고 이러한 이념(이 이념 은 규제적[27] 원칙으로서 우리 영혼의 내적 현상들의 모든 유물론적 설명을 전적으로 무화시키는 데 매우 유용하다**)은 매우 자연스 러운 오해에 의하여 겉보기에 그럴듯한 논쟁을 야기시키는 바, 우리의 사유하는 존재의 실체적인 것에 대한 잘못된 인식 으로부터 이 존재의 실체적인 것의 본성―이러한 본성에 대 한 지식이 전적으로 경험의 총체에서 벗어나 있는 한에서― 을 추론하게 한다.

---

* 만약 통각의 표상이 나das Ich라는 개념을 통해서 떠오르는 개념이라면, 그것[나]은 또한 다른 사물들의 술어로서 사용될 수 있거나 혹은 그런 술 어를 자체 안에 포함할 수 있게 된다. 그래서 그것[나]은 최소한의 개념도 없는 현존재의 느낌Gefühl eines Daseins 이외에 어떤 다른 것도 아니고 단 지 그러한 것―모든 사유가 나를 기반으로 해서 관계 안에 있는 (사건들의 관계)―의 표상 Vorstellung[28]이다.
** 칸트가 이 위치에 각주 표시를 했지만 원문에는 공란으로 되어 있다. ― 옮긴이

§47

이제 이 사유하는 자기denkende Selbst(영혼Seel)는 다른 사물
의 술어로서 더 이상 설명될 수 없는 사유의 마지막 주체로서
실체라고 말해질 수는 있더라도 만약 경험 안에서 실체들의
개념을 결실 있게 만드는 고정불변성die Beharrlichkeit이 사유
하는 자기로부터 증명될 수 없다면, 이러한 개념은 전적으로
공허하고 아무런 결과들도 얻지 못할 것이다.

　그러나 이 고정불변성은 결코 사물 자체로서 실체의 개념 IV 335
에서가 아니라, 단지 경험을 위해서만 증명될 수 있다. 이것
은 '경험의 첫 번째 유추'에서 충분하게 행해졌다《순수이성
비판》, 182쪽).[29] 만약 누군가가 이러한 증명에 수긍하지 못한
다면, 그 사람은 그것 자체 다른 사물의 술어로써 존재할 수
없는 주체의 개념으로부터 그 주체의 현존이 의심할 여지 없
이 고정불변적이라는 것을, 그 주체가 자신에게 있어서도 어
떤 자연원인을 통해서도 생길 수도 없고 소멸할 수도 없다는
것을 증명하는 게 성공할 것인지를 그 자신이 시도해볼 수
있다. 그와 같은 선험적 종합 명제들은 결코 자체에서 증명될
수 없고 언제나 가능한 경험의 대상들로서의 사물들과의 관 A138
계에서만 증명될 수 있다.

§48

그러므로 만약 우리가 실체로서의 영혼의 개념으로부터 영혼의 고정불변성을 추론하려고 한다면, 이것은 단지 가능한 경험을 위해서만 타당성을 갖는 것이지, 사물 자체로서 그리고 모든 가능한 경험을 넘어서는 것으로서의 타당성을 갖는 것은 아니다. 그런데 우리의 모든 가능한 경험의 주관적 조건은 생명[30]인바, 우리는 영혼의 고정불변성을 생명 안에서만 추론할 수 있다. 왜냐하면 인간의 죽음은 모든 경험의 끝으로, 그야말로 그 반대가 입증되지 않는 한, 경험의 대상으로서의 영혼에 타당하고, 이는 반대의 입증이 서자마자 바로 우리가 문제로 삼고 있는 바의 것이다. 따라서 영혼의 고정불변성은 인간의 생명 안에서만 입증(사람들은 이에 대한 증명을 생략함을 우리에게 허락할 것이다)될 수 있고, 죽음(실제로 바로 여기에 우리의 문제가 있다) 이후에는 입증될 수 없으며, 보다 정확히 말하면 피상적인 근거에서 증명될 수 없다. 왜냐하면 실체의 개념은, 실체의 개념이 고정불변성의 개념과 필연적으로 연결된 것으로 간주되어야 하는 한, 단지 가능한 경험의 원칙에 따라서, 또한 경험만을 위해서 실체의 개념이 될 수 있기 때문이다.[*]

우리 밖에 어떤 실제적인 것이 우리의 외적 지각들에 단지 상응할 뿐만 아니라, 또한 상응해야 한다는 것은 결코 사물들 자체의 결합으로써 증명될 수는 없지만, 경험을 위해서는 틀림없이 증명될 수 있다. 이것(우리 밖의 어떤 실제적

---

* 형이상학자들이 그것(지속성의 실체)에 대한 증명을 시도해보지도 않고 언제나 저렇게 경박하게 실체들의 지속성의 원칙들을 대수롭지 않게 넘겨 버린 것은 사실상 매우 이상하다. 의심할 여지 없이, 형이상학자들이 실체의 개념과 더불어 시작하자마자 그에 대한 모든 증명은 완전히 포기하는 것으로 보이기 때문이다. 이러한 전제 없이 경험 안에서 지각들의 어떤 통합도 가능하지 않다는 것을 알아차린 일반적인 지성은 이러한 부족함을 요청Postulat으로 대체한다. 경험 자체에서 지성은 더 이상 이러한 원칙을 끌어올 수 없었기 때문이다. 왜냐하면 경험은 한편으로는 재료들(실체들)을 모든 경험의 변화와 소멸에 있어서, 그 소재들을 언제나 줄어들지 않게 정렬하기 위해서, 그렇게 멀리까지는 추궁할 수 없기 때문이고, 다른 한편으로는 그 원칙은 언제나 선험적 원칙의 표시인 필연성을 내포해야 하기 때문이다. 그래서 형이상학자들은 이러한 원칙을 서슴없이 실체로서의 영혼이라는 개념에 적용하고, 인간의 죽음 이후에 영혼의 필연적인 지속으로 추리한다(특히 의식의 불가분성에 따르는 이러한 실체의 단순성이 소멸을 통한 몰락에 대해 그것(영혼)을 안전하게 하기 때문이다). 형이상학자들이, 그들이 관심을 가졌던 것보다 훨씬 더 깊은 탐구들을 요구하는 이러한 원칙의 진정한 원천을 발견했다면, 그들은 실체들의 지속성의 모든 원칙이 경험을 위해서 발생하는 것이고, 그런 까닭에 그것들(실체들)이 경험 안에서만 인정되어야 하고, 다른 사물들과 연관된다고 하는 한에서만 타당할 수 있으며, 결코 모든 가능한 경험과 상관이 없는 사물들에 대해서는, 따라서 죽음 이후의 영혼에 대해서는 타당할 수 없음을 알게 되었을 것이다.

인 것이 우리의 외적 지각에 상응해야 한다는 것)이 이야기하고자 하는 바는, 어떤 것이 경험적 방식으로, 따라서 우리 밖의 공간상에 현상으로서 있다는 것을 사람들이 명백하게 증명할 수 있다는 것이다. 왜냐하면 우리는 어떤 가능한 경험에 속하는 것 이외의 다른 대상들과는 아무런 관련도 갖지 않으며, 그것들(그러한 경험에 속하지 않는 대상들)은 어떤 경험에서도 주어질 수 없고 따라서 우리에게 아무것도 아니기 때문이다. 공간상에서 직관되는 건 우리 밖의 경험적인 것이다. 이 공간은 그것(공간)이 포함하는 모든 현상과 함께

A140 표상들에 속하기 때문에, ─ 이 표상들의 결합이 경험적 법칙에 따라서 그것들(표상들)의 객관적 진리를 증명하는 것과 마찬가지로 내감의 현상들의 결합으로 (내감의 대상인) 내 영혼의 실재성을 증명한다 ─ 나 자신이 공간 안에서 외적 현상들로써의 물체의 실재성을 의식하는 것과 마찬가지로 나는, 나 자신을 내적 경험을 매개로 시간 안에서의 나의 영혼의 현존을 의식한다. 이 나의 영혼을, 나는 단지 내적 상태를 형성하는 현상들을 통해서 인식하고 나에게 이러한 현상들의 근저에 놓여 있는 존재 자체는 알려지지 않는다. 데카르트의 관념론은 따라서 단지 외적인 경험을 꿈들로부터 구별

IV 337 하고, 진리의 시금석으로서의 전자(경험)의 법칙성을 무법칙성과 후자(꿈)의 허위의 가상으로부터 구별한다. 그것(데카르트의 관념론)은 두 가지 경우(외적 경험과 꿈)에 있어

서 대상들의 현존의 조건들로서 공간과 시간을 전제하고, 외
감의 대상들이 실제로 우리가 깨어 있을 때 그것들〔대상들〕
을 그것〔공간〕 안에 놓는 공간상에서 만날 수 있는지, 즉 경
험이 상상과 구별되는 차이의 확실한 시금석을 지닐 수 있는
지를 묻는다. 여기서 그 의혹은 쉽게 제거된다. 우리는 그것
〔의혹〕을 언제나 일상 속에서 이 양자에서의 현상들의 결합 A141
을 경험의 일반적인 법칙에 따라서 탐구하는 것을 통해서 제
거하고, 만약 외감의 대상들의 표상이 중단 없이 지속적으
로 그것들〔외적 대상들〕과 일치되면, 우리는 그러한 것들〔외
적 대상들의 표상〕이 허망한 경험이 되지 않으리라는 점을
의심할 수 없다. 따라서 질료적 관념론Der materiale Idealismus
은, 현상들이 단지 경험 안에서 그것들〔현상들〕의 결합에 따
라서만 현상들로써 간주되기 때문에, 매우 쉽게 제거되고,
우리 밖에(공간 안에서) 물체들이 존재한다는 것은 내 자신
이 내감의 표상을 통해서 (시간 안에서) 존재한다는 것과 똑
같은 정도로 확실한 경험이 된다. 왜냐하면 우리 밖이라는 개
념은 단지 공간상의 존재를 의미하기 때문이다. 그러나 '나
는 존재한다'라는 명제에서 나라는 것은 (시간 안에서) 내적 직
관의 대상이 아닐 뿐만 아니라 의식의 주체를 의미한다. 마
찬가지로 물체는 (공간에서의) 외적 직관이 아니라, 이 현상
의 근저에 놓여 있는 사물 자체를 의미하므로 (외감의 현상들
로서) 물체들이 나의 사유 밖에서 물체로서 자연 안에서 존재

하는지에 대한 물음은 주저 없이 부정될 수 있다.[31] 내가 나 자신에게 내감의 현상(경험적 심리학의 이른바 영혼)으로서 나의 표상력 밖에 존재하는지에 대한 물음도 사정이 다르지 않다. 이러한 방식으로 모든 것은, 만약 그것이 참된 의미에 부쳐진다면, 명백해지고 확실해진다. (평소에 내가 초월적 관념론 Der transzendentale Idealismus이라고도 지칭했던) 형식적 관념론 Der formale Idealismus은 실제로 질료적 관념론과 데카르트적 관념론을 폐기한다. 왜냐하면 만약 공간이 나의 감성의 형식 A142 eine From 이외에 다른 어떤 것도 아니라면, 내 안의 표상으로서의 그것(공간)은 마찬가지로 실제로 나 자신과 같이 실재적이고, 그러므로 중요한 것은 공간 안에서의 현상들의 경험적 진리성이기 때문이다. 만약 그것이 그러한 경우가 아니라면, 공간과 공간 안의 현상들은 우리 밖에 존재하는 것이어서 우리의 지각 밖의 경험의 모든 시금석은 우리 밖의 이러한 대상들의 실재성을 결코 증명할 수 없다.

§50
II. 우주론적 이념들
(《순수이성비판》, 405쪽 이하[32])

순수이성을 초재적으로 사용할 때 생기는 순수이성의 이

산물産物〔우주론적인 이념〕은 순수이성의 가장 주목할 만한 현상으로, 이것은 무엇보다도 가장 강력하게 작용해, 철학을 독단의 잠에서 깨우고 그것〔철학〕을 순수이성 자체의 비판이라는 어려운 과업을 수행하도록 만든다.

내가 이러한 이념을 우주론적이라 명명하는 이유는, 이 이념이 자신의 대상을 오직 감성계 안에서 취하고, 그것〔이념〕의 대상이 감관의 대상인 것 이외의 어떤 다른 이념도 필요로 하지 않기 때문이다. 즉 〔이 이념이 우주론적인 것은〕 감성계 안에서 정착하고einheimisch, 인간이 인간의 감관을 가지고 지각하고 경험할 수 있는 것 너머의 것transzendent이 아닌 한에서는 아직 이념이 아니기 때문이다. 이와 반대로 영혼 자체를 단순한 실체로서 생각한다는 것은 이미 영혼 자체를, 감관에 전혀 나타날 수 없는 하나의 대상으로 생각하는 것과 마찬가지다. 이러한 것에 아랑곳하지 않고 이 우주론적 이념은 제약된 것들과 그것들〔제약된 것들〕의 조건과의 연결(이것〔이 연결〕은 수학적이거나 혹은 역학적일 수 있을 것이다)을 경험이 그것〔우주론적 이념〕에 결코 필적할 수 없을 만큼 멀리 확장시킨다. 그러므로 그것은 이 점과 관련하여 언제나 그 대상이 어떤 경험 안에서도 주어질 수 없는 하나의 이념이다.

§51

우선 여기서 범주들의 체계가 가진 유용성은 매우 분명하고 오해의 여지가 없어서, 가령 그것에 대한 더 많은 증명의 근거들이 없다고 할지라도, 그것들(범주들)의 필요성이 순수이성의 체계 안에서 충분히 설명된다는 것이 입증된다. 그러한 초재적 이념들은 범주의 분류와 동일하게 네 가지 이상을 넘지 않는다. 초재적 이념들 각각의 것 안에서 그것들은 오직 주어진 조건이 지어진 것에 대한 조건들의 계열의 절대적 완전성을 지향한다. 이러한 우주론적 이념들에 부합해서 네 가지 순수이성의 변증적인 주장들이 나온다. 이러한 순수이성의 변증적인 주장들은 변증적이기 때문에, 각각의 이념들과 마찬가지로 순수이성의 가상의 원칙들에 따라서 그것(순수이성의 원칙)에 반대 의견을 주장하는 원칙이 대립해 있다는 것으로 스스로를 증명한다. 그러한 대립들은 어떤 섬세한 탁월함을 지닌 형이상학적 기술로도 방지할 수 없고, 오히려 철학자들에게 순수이성 자체의 최초의 원천들로 귀환할 것을 강요한다. 결코 임의적으로 꾸며낸 것이 아니라 인간 이성의 본성 안에서 탐구된, 따라서 불가피하고 결코 끝낼 수 없는 이러한 이율배반은 이제 자신들의 반정립과 더불어 네 가지 정립을 포함한다.

1.
정립
세계는 시간적·공간적으로
시작(경계)이 있다.
반정립
세계는 시간적·공간적으로
무한하다.

2.
정립
세계 내의 모든 것은
단순한 것으로 구성되어 있다.
반정립
어떤 단순한 것도 없고
모든 것은 합성된 것이다.

3.
정립
세계에는 자유에 의한
원인이 존재한다.
반정립
자유는 존재하지 않고,
모든 것은 자연이다.

4.
정립
세계원인들의 계열에는
어떤 필연적 존재가 있다.
반정립
세계원인들의 계열 안에는 어떤 것도 필연적으로 존재하지 않고,
오히려 이 계열에서 모든 것은 우연적이다.

§52

여기에 바로 인간 이성의 가장 독특한 현상이 있다. 이러한 현상은 그것〔인간 이성〕의 그 어떤 다른 사용에 있어서도 그 실례를 볼 수 없다. 일반적으로 그러하듯 만약 우리가 감성계의 현상들을 사물들 자체로 생각한다면, 또한 우리가 그것들〔현상들〕의 결합의 원칙들을 사물들 자체에 대한 것으로서 간주하고 단지 경험에 대한 타당한 원칙들로 간주하지 않는다면,—물론 이러한 생각은 통상적이고 확실한 우리의 비판 없이는 불가피할 것이다.—결코 통상적이고 독단적인 방법으로는 해결할 수 없는 예상할 수 없는 분쟁이 나타난다. 왜냐하면 정립도 반정립도 마찬가지로 명명백백하고 반박하기 어려운 증명을 통해서 입증될 수 있기 때문이다. 실로 나는 이러한 모든 증명의 정당성을 보증한다. 그러므로 이성은 이성 자신과 적대자가 되어 싸우는 것처럼 보인다. 이러한 상태에 대해서 회의론자는 크게 기뻐하지만, 비판적 철학자는 숙고와 불안에 빠져든다.[33]

§52b

사람들은 자신들이 진리가 아닌 것에 발을 들여놓을 수 있다는 데에 주의하지 않고서, 다양한 방식으로 능력도 없이 형이상학에서 〔형이상학에〕해가 되게 서툴게 일해왔다. 만약 사람들이 모순을 범하지 않는다면, ─ 이러한 일은 비록 전적으로 허구로 날조되었다 할지라도 종합적인 명제들에서 가능하다 ─ 우리는 우리가 연결시키는 개념들이 (그것〔이념〕의 전체 내용에 따라서) 경험에서 주어질 수 없는 이념들인 한에서 결코 경험을 통해서는 반박될 수 없기 때문이다. 그러면 어떻게 우리가 세계가 영원으로부터 존재하는 것인지 혹은 시초를 갖는 것인지, 질료가 무한으로 나뉠 수 있는 것인지, 혹은 단순한 부분에서 구성되는 것인지를 경험을 통해 해결할 수 있겠는가. 그와 같은 개념들은 어떤 경험에서조차, 될 수 있는 한 가장 큰 경험에서조차 주어지지 않는다. A146 따라서 주장하는 명제〔정립〕혹은 부정하는 명제〔반정립〕의 옳지 않음은 이러한 시금석을 통해서는 발견될 수 없다.

이성이 자신〔이성〕의 의지에 반해서 자신〔이성〕의 비밀스러운 변증론 ─ 이성은 이 변증론을 독단론이라고 거짓 주장한다 ─ 을 밝히는 유일하게 가능한 경우는, 이성이 일반적으로 인정된 원칙에서 주장을 근거 짓고, 마찬가지로 공인된 다른 원칙에서 추론 방식의 정당성을 가지고 그 반대를 정확하게 추론하는 경우이다. 이런 경우가 여기에 실제적으로 있으며 정확히 말해서는 자연스러운 네 가지의 이성이념과 관련해 있다. 이 네 가지 자연스러운 이성이념에서 한편으로는 네 가지의 주장들이, 마찬가지로 다른 한편으로는 같은 수효의 반대의 네 가지의 주장들이 각각 모두 일반적으로 인정되는 원칙들에서 나오는 올바른 결론을 가지고 발생하며 그것을 통해서, 그렇지 않으면 영원히 숨겨져 있었을, 순수이성의 변증적 가상이 이러한 원칙들의 사용 안에서 폭로된다.

IV 341; A147 따라서 여기에 필연적으로 이성의 전제들 안에 숨겨진 부당성을 폭로해야 하는 중요한 실험이 있다.[*] 서로 모순되는 두 개의 명제가, 두 명제에 기초로 되어 있는 개념 자체가 모순적일 때를 제외하고는, 모두 다 틀린 것일 수는 없다. 예를 들면 '네 모서리가 있는 원은 둥글다'와 '네 모서리가 있는 원은 둥글지 않다'라는 두 명제는 모두 틀렸다. 왜냐하면 전자〔첫째 명제〕에서 언급된 원은 사각이므로 둥글다는 것은 오류다. 원이 둥글지 않다는 것, 즉 모서리가 있다는 것 또한 틀

---

* 그런 까닭에 나는 비판적 독자가 이러한 이율배반을 가지고 중점적으로 전념해보기를 희망한다. 왜냐하면 본성 자체Natur selbst가 이성을 자신의 뻔뻔한 월권들에서 의심하도록 하기 위해서, 자기시험Selbstprüfung을 하기 위해서 그것〔이율배반〕을 제공한 것처럼 보이기 때문이다. 나는 내가 정립을 위해서뿐만 아니라 반정립을 위해서도 제공한 모든 증명을 책임질 것과, 그것을 통해서 불가피한 이성의 이율배반의 확실성을 설명할 것을 자청했다. 만약 독자가 이러한 드문 현상을 통해서 거기〔드문 현상〕의 근저에 놓여 있는 전제의 시험을 위해서 되돌아가는 것으로 유도된다면, 그〔독자〕
A147 는 모든 순수이성의 인식의 최초의 근거를 나와 함께 매우 깊게 탐구하지 않을 수 없음을 느끼게 될 것이다.

렸다. 왜냐하면 그것〔언급된 원〕이 원이기 때문이다. 한 개념이 논리적으로 불가능할 때의 징표는, 바로 그 동일한 개념의 전제에서는 서로 모순되는 두 명제가 동시에 오류가 된다는 점에서, 따라서, 그 개념을 통해서는 그 어떤 것도 생각되지 않는다는 점에서―왜냐하면 두 개의 명제 사이에 어떤 제3의 명제도 생각될 수 없기 때문에―그 개념이 불가능하다는 논리적 징표가 놓여 있다.

§52c

그런데 최초의 두 종류의 이율배반은 동일한 종류의 것을 첨가하거나 혹은 분할分割하는 것에 관한 것이므로 내가 수학적이라고 부른 건데, 그것들의 근저에는 앞서 이야기한 그러한 모순적인 개념이 놓여 있다. 그것〔모순되는 의견을 제시하는 개념〕으로부터 나는 어떻게 두 가지〔이율배반〕에서 정립과 반정립이 모두 오류가 되는지를 설명했다.

내가 시간과 공간 안의 대상들에 대해서 언급할 때, 사물들 자체Dinge an sich에 대해서 말하지 않는 것은 내가 그것들〔사물들 자체〕에 대해서 아무것도 알지 못하기 때문이 아니라, 단지 현상 안에서의 사물들에 대해서만, 즉 오직 인간에 A148 게만 허락된 특별한 인식 방식으로 대상들에 대한 경험을 말하기 때문이다. 내가 지금 공간 혹은 시간 안에서 생각하는 것에 대해서 나는 그것〔공간 혹은 시간 안에서 생각된 것〕이 그것 자체로 내 생각 없이도 공간과 시간 안에 있는 것인 양 말해서는 안 된다. 그렇게 말하는 것에서 나는 내 자신과 모순되기 때문이다. 공간과 시간은 그것들〔공간과 시간〕 안의 현상들과 더불어 자체적으로 존재하거나 나의 표상들 밖에 존재하는 것이 아니고 단지 표상의 방식들일 뿐이며, 이러한 표상의 방식이 우리의 표상 밖에서 존재한다는 것은 명백하게 모순되는 것이다. 따라서 감관의 대상들도 오로지 경험 안에서만 존재한다. 그와 반대로 그것〔경험〕 없이 실재하거나 그것〔경험〕 이전에 그것들〔감관의 대상들〕에게, 스스로 존재하는 어떤 고유한 실존을 주는 것은, 경험이 경험 없이 실재하거나 그것〔경험〕 이전에 실재한다고 표상하는 것과 마찬가지다.

이제 내가 시간과 공간에 따른 세계의 크기에 대해서 묻는다면, 세계의 크기가 무한하다 또는 유한하다고 말하는 것은 나의 모든 개념으로는 불가능하다. 그 까닭은 두 가지 중 어떤 것도 경험 안에 포함될 수 없기 때문이다. 무한한 공간 혹은 무한히 흘러가는 시간에 대해서는, 마찬가지로 세계의 경계 설정Begrenzung에 대해서는, 텅 빈 공간 혹은 시간적으로 선행하는 텅 빈 시간을 통해서는 경험이 불가능하기 때문이다. 그러한 것은 다만 이념들일 뿐이다. 따라서 이런저런 방

IV 342

식으로 규정된 세계의 크기는 모든 경험으로부터 독립해서 세계 자체 안에 놓여 있어야 하는 것이다. 이것은 오로지 현상의 전체인 감성계의 개념에 모순된다. 이러한 감성계의 현 존과 결합은 단지 표상 안에서만, 즉 경험 안에서만 발생한다. 왜냐하면 현상은 사상事象 자체Sache an sich가 아니라, 표상방식 이외에 다른 그 어떤 것도 아니기 때문이다. 이 때문에 스스로 실존하는 감성계의 개념은 자체적으로 모순적인 바, 감성계의 크기에 관한 문제의 해결은 그것을 긍정적으로 해보든 부정적으로 해보든 항상 거짓이라는 것이다.

이것은 현상들의 분할을 내용으로 하는 둘째 이율배반에도 적용된다. 왜냐하면 이것은 단지 표상들이고, 이러한 부분들은 현상들의 표상 안에서, 따라서 분할 안에서, 즉 가능한 경험 안에서만 존재하기 때문이다. 그것〔경험〕 안에서 그것〔표상〕들이 주어지고, 전자〔분할〕는 후자〔경험〕가 도달할 수 있는 만큼만 나아간다. 하나의 현상, 예를 들면 물체의 현상이 모든 경험 자체 이전에 모든 부분 — 이러한 부분들에는 언제나 가능한 경험만이 도달할 수 있다 — 을 포함하고 있다는 것을 가정한다는 것은 오직 경험 안에서만 존재할 수 있는 현상들 — 이러한 현상들은 오직 경험 안에서만 존재할 수 있다 — 에게 동시에 경험 이전에 선행하는 하나의 고유한 실존을 준다는 것을 말하는 것이고, 혹은 한갓 표상들이 표상력 안에서 만나기도 전에 존재한다는 것을 말하는 것으로,

스스로에게 모순되는 것이다. 그러므로 모두 잘못 생각된 이 과제의 해결은 물체들이 무한히 많은 부분들로 이루어져 있다든지, 유한한 수의 단순한 부분들로 이루어져 있다고 주장하든지 간에 그 어느 것이나 자기모순을 범하는 것이다.

§53

이율배반의 첫째 (수학적) 부류에 있어서 전제의 오류는, 자체에 서로 이율배반 되는 것(다시 말해서 사상事象 자체로서의 현상)이 하나의 개념 안에서 결합될 수 있는 것으로서 설명된다는 점에 있다. 그러나 둘째 부류, 다시 말해서 역학적인 이율배반의 부류와 관련해서 전제의 오류는 결합될 수 있는 것이 모순되는 것으로서 설명된다는 점에 있다. 그 결과, 첫째 경우에 서로 대립적인 두 주장이 모두 거짓이었지만, 이 경우에는 다시금 순전한 오해를 통해서 서로 대립하게 된 주장들 양자 모두 참일 수가 있다.

수학적 결합은 결국 필연적으로 결합의 동종성을 (크기란 개념에 있어서) 전제하지만, 역학적 결합은 결코 이것(동종성)을 요구하지 않는다. 만약 어떤 연장된 것의 크기에 대한 것이 문제일 때, 모든 부분은 서로 간에 동일하고 전체와 동일한 방식이어야 한다. 그것과는 반대로 원인과 결과의 결합에서는 동종성이 만날 수 있지만, 그것[동종성]이 필연적이지는 않다. 왜냐하면 인과성의 개념(이 인과성의 개념을 매개로 무엇인가를 통해서 그것과는 전혀 다른 어떤 것이 상정된다)은 적어도 그것[동종성]을 요구하지 않는다.

만약 감성계의 대상들이 사물들 자체로 간주되고, 위에서 진술된 자연법칙이 사물들 자체의 법칙인 것으로 여겨지면, 모순은 피할 수 없다. 마찬가지로 자유의 주체das Subjekt selbst A151 가 다른 대상들처럼 한갓 현상으로 표상되면, 그 모순 또한 피할 수 없다. 왜냐하면 이러한 경우 그것[자유의 주체]이 동일한 의미에서 같은 종류의 대상에 대해 동시에 긍정되거나 부정될 수 있기 때문이다. 그러나 만약 자연의 필연성이 현상들에만 연관되고 자유가 단지 사물 자체에만 관련 맺는다면, 설사 사람들이 두 가지 방식의 인과성을 동일하게 가정하거나 인정한다 할지라도, 어떤 모순도 발생하지 않는다. 자유의 인과성의 방식을 이해시키는 것이 아무리 어렵거나 불가능하더라도 말이다.

현상에 있어서의 모든 결과는 주어진 사건 혹은 시간 안에서 발생하는 어떤 것이다. 그것[결과] 이전에 일반적인 자연법칙에 따라서 그것[결과]의 원인의 인과성에 대한 규정(원인의 상태)이 선행돼야 한다. 그래야만 그것[결과의 원인의 인과성의 규정]에서 그것[결과]이 지속적인 법칙에 따라 뒤따른다. 그러나 인과성을 위한 원인의 규정은 또한 자체적으로 생기거나 발생하는 것이어야 한다. 그 원인은 작동하기 시작해야 한다. 그렇지 않으면 원인과 결과 사이에는 어떤 시간의 IV 344 연속도 생각될 수 없다. 결과는 원인의 인과성이 있는 한에서 언제나 있어왔다. 따라서 현상들 아래에서는 결과를 위해서 원인의 규정이 발생해야 하고, 마찬가지로 그것〔원인〕의 결과로서 주어진 사건이 존재해야 한다. 이러한 주어진 사건은 다시금 그것〔결과〕의 원인을 가져야 하고, 그 결과 자연필 A152 연성은 그에 따라 작용하는 원인들의 조건이어야 한다. 그에 반해 만약 자유가 현상들의 특정한 원인의 속성이어야 한다면, 자유는 주어진 사건들로서의 현상에 관계하여 주어진 사건들을 자기 스스로부터von selbst(자발적으로spontan)[34], 즉 원인 자체의 인과성이 시작할 필요가 없고 그것〔원인 자체의 인과성〕의 시작을 규정할 어떤 다른 근거도 필요 없이 시작할 수 있는 능력이어야 한다. 그리고 나면 그 원인은 자신〔원인〕의 인과성에 따라 그것〔원인〕의 시간 규정 아래에 있어서는 안 된다. 즉 결코 현상일 수 없다. 다시 말해서 원인은 사물 자체로서 생각되어야 하고, 결과들은 오직 현상들로서 생각되어야 한다.* 만약 사람들이 현상들에 대한 지성존재의 이 A153 러한 영향을 모순 없이 생각할 수 있다면, 그래서 비록 감성계 안에서의 원인과 결과의 모든 결합에 자연필연성이 결부되어 있다 하더라도, 그러한 것〔감성계 안에서 원인과 결과의 결합에 자연필연성이 결부되어 있다는 것〕과 반대로 (비

106

록 현상들의 근저에 놓여 있다고 할지라도) 스스로는 현상이 아닌 동일한〔감성계 안에서 원인과 결과의 결합에서 나타난〕원인에 자유의 권리가 귀속된다. 따라서 자연과 자유는 동일한 사물에게, 하지만 다른 종류의 관계 안에서, 한 번은 현상으로서, 다른 한 번은 사물 자체로서 모순 없이 조화될 수 있다.[35]

우리는 우리 안에서 하나의 능력을 갖는다. 이러한 능력은 그것〔능력〕의 행위들의 자연원인들Naturursachen인 주관적으

---

* 자유의 이념은 원인으로서의 예지적인 것의 결과로서 현상과의 관계 안에서만 오로지 발생한다. 그런 까닭에 우리는 자유의 끊임없는 행위를 고려해서―이 행위를 통해서 자유는 자유의 공간을 채운다―물질에 자유를 수여할 수 없다. 비록 이 행위가 내적 원칙에서 나타난다고 할지라도. 마찬가지로 우리는 순수한 지성존재들에게 있어서도, 예를 들면 신의 행위가 내재적인 한에서, 자유에 대한 어떤 개념도 적합하게 발견할 수 없다. 왜냐하면 그것〔지성적 존재〕의 행위는 비록 외적으로 규정하는 원인들로부터 독립적이라고 할지라도, 그의 영원한 이성 안에서, 따라서 신적인 본성 안에서 규정되기 때문이다. 이제 하나의 행위를 통해서 무엇인가가 시작되어야 할 때에만 그러니까 결과가 시간의 계열 안에서, 따라서 감성계 안에서 마주해야 한다면(예를 들면 세계의 시작), 거기서 원인 자체의 인과성이 또한 시작해야 하는 것인지, 혹은 원인의 인과성이 스스로 시작됨이 없이 그 원인이 하나의 결과를 발생시킬 수 있는지에 대한 물음이 제기된다. 첫째 경우에 이러한 인과성의 개념은 자연필연성의 개념이고, 둘째 경우의 인과성은 자유의 인과성이다. 여기서 나는 자유를, 하나의 주어진 사건을 스스로 시작하는 능력으로서 설명했기 때문에, 독자들은 내가 정확하게 형이상학의 문제인 그 개념에 맞닥뜨렸다는 것을 미루어 짐작할 수 있을 것이다.

로 규정하는 그것〔능력〕의 근거들과 연결되어 있고―그 점
에 있어서는 스스로 현상들에 귀속하는 어떤 한 존재의 능력
이며― 한갓 이념일 따름인 근거들이 이 능력을 규정할 수
있는 한에서 객관적인 이 근거들과도 연결된다. 이러한 연결
은 당위Sollen를 통해서 표현된다. 이러한 능력은 이성이라고
명명되며, 우리가 한 존재(인간)를 오직 객관적으로 규정할
수 있는 이성에 의해서 관찰하는 한, 그것〔존재〕은 감각적 존
재로 간주될 수 없고 오히려 앞에 언급한 속성은 사물 자체
의 속성인데, 우리는 사물 자체의 속성의 가능성을, 즉 어떻
게 발생한 바 없는 당위가 그것〔존재〕의 활동Tätigkeit을 규정
하고, 〔어떻게〕 그것〔행위〕의 결과가 감성계 안에서의 현상
인 행위Handlung의 원인일 수 있는지를 전혀 파악할 수 없다.
그럼에도 불구하고 이성의 인과성은 감성계 안에서의 결과
들과 관련해서, 스스로 이념들이 되는 객관적인 근거들이 그
것들〔인과성〕과 관련해서 규정하는 것으로서 간주되는 한,
자유일 수 있다. 그 까닭은 그것〔그 인과성〕의 행위는 주관적
인, 따라서 어떤 시간 조건들에도 예속되지 않고 그것들〔시
간 조건들〕을 규정하는 것을 수행하는 자연법칙에도 종속되
지도 않기 때문이다. 왜냐하면 이성의 근거들은 일반적으로,
원리들로부터, 시간이나 장소의 요인들에 영향받지 않고 행
위에 규칙을 부여하기 때문이다.

내가 여기서 수행하고 있는 것은 단지 이해할 수 있도록

IV 345

A154

하기 위한 실례로서만 타당하지, 우리가 실제 세계에서 마주치는 특성들에서 독립해서 순수한 개념들에서 발생해야만 하는 우리의 물음에 필연적으로 속하는 것은 아니다.

이제 나는 "이성적 존재의 모든 행위는, 그것이(그 어떤 경험에서라도 만날 수 있는) 현상인 한에서 자연필연성에 종속된다. 그러나 이 동일한 행위는, 이성적 주체와 순수한 이성에 의해서 행위하는 그것[이성적 주체]의 능력과 관련해서, 자유롭다"라는 것을 모순 없이 말할 수 있다. 그러면 자연필연성을 위해서는 무엇이 요구되는가? 변치 않는 법칙들에 따라 감성계의 모든 주어진 사건이 규정될 수 있음이 필요하며, 따라서 현상 안에서 원인으로의 관계 이외에 다른 어떤 것도 필요로 하지 않는다. 현상 안에서 원인으로의 관계에 근저에 놓여 있는 사물 자체와 그것의 인과성은 알려지지 않은 채로 남아 있다. 그러나 나는, 이성적 존재가 이성으로부터, 즉 자유를 통해서 감성계에 있어서의 결과의 원인이건, 혹은 이 결과들이 이성적 근거들에 의하여 규정되지 않건 간에 '자연법칙은 항존한다'라고 주장하는 바이다. 왜냐하면 만약 첫째의 그 경우라면, 준칙에 따른 그 행위의 결과는 현상 안에서 언제나 지속적인 법칙에 종속된다. 만약 둘째의 경우라면 그 행 IV 346 위가 이성의 원리들에 따라서 발생하지 않음으로써, 그것[그 행위]은 감성의 경험적 법칙에 종속된다. 두 경우들에서 그 결과들은 지속적인 법칙에 의해서 서로 결합된다. 그러나 우리는 자연필연성에 더 많은 것을 요구하지 않으며, 자연필연성에 대해서 더 많은 것을 알지도 못한다. 그러나 첫째 경우에 이성은 이러한 자연법칙의 원인이고, 그러므로 자유로우며, 둘째의 경우는 이성이 감성계의 자연필연성에 대하여 어떤 영향도 미치지 않기 때문에, 결과들은 감성의 순전한 자연법칙에 좇아 작용한다. 그러나 그렇다고 해서 이성이 감성에 의하여 규정되지도 않는다(그것은 불가능한 일이다). 그러므로 이 경우에도 이성은 자유이다. 왜냐하면 이성은 그것[감성계의 자연필연성]에 어떤 영향도 미치지 않기 때문이다. 이성은 그러한 이유 때문에 감각에 의해 규정되지 않고(이러한 것은[이성이 감각에 의해 규정된다는 것은] 불가능하다) 그런 까닭에 [이성은] 이 경우에도 자유롭다. 따라서 자유는 현상들의 자연법칙을 방해하지 않는다. 마치 이것[자연법칙]이 실천적 이성사용 ― 이러한 실천적 이성사용은 규정하는 근거들로서 사물 자체들과 결합되어 있다 ― 의 자유에 어떤 방해도 끼치지 않는 것처럼 말이다.

이러한 까닭에 실천적 자유는, 구체적으로 [자유 안에서] 이성이 객관적으로 규정하는 근거들에 따라서 인과성을 갖 A156 는 그런 자유는, 현상들로서 동일한 결과들과 관련해서 자연필연성에 최소한의 손해도 끼치는 바 없이 구제된다. 바로 이러한 것이 초월적 자유와 그것[초월적 자유]의 자연필연성(동일한 주체 안에 있지만, 동일한 관계 안에 있는 것으로 간주되지 않는)과 서로 일치할 수 있게 하기 위해 우리가 주장해야 했던 것의 해명에 도움이 될 수 있다. 초월적 자유에 관한 내용을 보자면, 한 존재의 객관적 원인들로부터의 행위의 모든 시작이, 이 규정하는 근거들과 관련해서, 언제나 최초의 시작이 된다. 비록 현상들의 계열에서 동일한 행위가 단지 하위의 시작ein subalterner Anfang이라 할지라도, 이 하위의 시작 이전에 그것[현상의 계열에서 행위]을 규정하고 스스로 먼저 선행하는 원인에 의해 규정되는 원인의 상태가 선행되어야 한다. 그래서 사람들은 이성적 존재에게서 혹은 일반적으로 한 존재에게서, 그것들[이성적 존재]의 인과성이 사물들 자체로서 이성적 존재들 안에서 스스로 규정되는 한, 자연법칙들과 모순에 빠지는 일 없이, 상태들의 계열을 스스로 시작하는 능력을 생각할 수 있다. 그런 까닭에 행위와 객관적인 이성근거들과의 관계는 시간관계가 아니다. 여기서 인과성을 규정하는 것은 시간에 따라 행위 이전에 선행하는 것이 아니다. 왜냐하면 규정하는 근거들은 대상들의 감관으로의 연결, 즉 현상 안에서의 원인으로의 관계를 표상하는 것이 아니라, 시간 조건들 아래 종속되지 않는 사물 자체로서의 규정하는 원인들을 표상하기 때문이다. 그래서 행위는 이성의 인과성과 관련해서 최초의 시작으로서, 그러면서도 현상들의 계열과 관련해서는 다만 종속된 시작으로 간주될 수 있고, 그래 IV347; A157 서 모순 없이 전자의 관찰에서는 자유로운 것으로, 후자의 관찰에서는 (왜냐하면 그 행위가 단지 현상이기 때문에) 자연필연성에 예속된 것으로 간주될 수 있다.

넷째 이율배반과 관련해서는, 그것(이율배반)은 마치 셋째 이율배반에서 이성 자신과의 대립이 제거된 것과 같은 방식으로 제거된다. 왜냐하면 만약 현상 안에서 원인이 사물 자체로 생각될 수 있는 한에서의 현상들의 원인과 구별된다면 그 두 명제는 명백히 양립할 수 있다. 즉 '감성계 어디에서도 (인과성의 비슷한 법칙에 따라서) 완전히 필연적인 실존의 원인을 발견할 수는 없다'는 명제, 동시에 다른 한편으로는 '이 세계는 그럼에도 그것(세계)의 원인으로서 하나의 필연적 존재와 (그러나 다른 방식과 다른 법칙에 따르는) 결합되어 있다'는 명제 말이다. 이 두 명제가 서로 화해하지 못하는 것은 오직 현상들에만 타당한 것을 사물들 자체까지 확장하면서, 두 가지 명제를 하나의 개념 안에서 통틀어 뒤섞는 오해에서 비롯된다.

§54

이것이 이성이 자신의 원리들을 감성계에 적용함에 있어 A158 깨달은 얽히고설킨 전체 이율배반의 목록이며 해결이다. 전체 이율배반의 목록과 해결 가운데 전자(단순한 목록)만으로도 이미 인간 이성의 인식을 위해서 상당한 공로가 될 것이다. 비록 이러한 대립의 해결이 자연적인 가상—언제나 참된 것으로 간주된 이러한 가상은 독자에게 처음으로 그것이 가상으로서 표상되었다—과 싸워야 하는 독자를 아직은 완전히 만족시키지는 못했다 할지라도 말이다. 그러므로 이것으로부터 얻은 불가피한 결론은 구체적으로 말해서 사람들이 감성계의 대상들을 사상事象들 자체로 간주하고 대상들이 실제로 존재하는 것으로, 다시 말해서 단순한 현상으로 간주하지 않는 한, 이성이 자기 자신과의 모순에서 빠져나오는 일은 전적으로 불가능하기 때문에, 독자는 그 문제를 결정하기 위해서, 우리의 모든 선험적 인식의 연역과 내가 제공했던 선험적 인식의 연역의 검토를 다시 한번 해보지 않을 수 없을 것이다. 따라서 독자는 그것〔이성의 자신과의 불화〕에 대한 결정을 위해 우리의 모든 선험적 인식의 연역과 내가 증명한 연역의 시험에 또 한 번 착수하지 않을 수 없을 것이다. 나는 더 많은 것을 지금 요구하지 않는다. 왜냐하면 만약 한 독자가 이러한 일에서 최초로 깊고 충분하게 순수이성의 본성을 이해한다면, 그 개념들—이 개념들을 통해서만이 이성의 IV 348 모순의 해결이 오직 가능하다—은 독자에게 익숙한 것이 될 것이기 때문이다. 그러한 상황이 아니라면〔독자가 순수이성의 본성을 깊고 충분하게 이해하지 못한다면〕나는 가장 주의 깊은 독자로부터도 온전한 찬성을 기대할 수 없을 것이다.

§55

Ⅲ. 신학적 이념들
(《순수이성비판》, 571쪽 이하[36])

가장 중요한, 그러나 만약 그것〔이성의 사용〕이 사변적으로만 영위된다면 과장된(초재적), 그러한 것으로부터 이성의 변증적 사용에 재료를 주는 셋째 초월적 이념은, 순수이성의 이상이다. 왜냐하면 이 이성은 인간 영혼의 이념과 우주론적인 이념에서처럼, 경험에서부터 시작해서 근거들의 소급을 통해 될 수 있는 대로 그것들〔근거들〕의 계열의 절대적 완전성을 얻고자 노력하도록 유혹되는 것이 아니라, 〔이성은〕 전적으로 경험과 단절하고 사물 일반의 절대적 완전성을 형성하는 순수한 개념들에서, 즉 최상의 완전한 근본존재의 이념을 매개로 모든 다른 사물의 가능성, 곧 모든 다른 사물의 실재성의 규정으로 하강하기 때문이다. 그렇기에 여기서는 한 존재의 순전한 전제 — 이러한 존재는, 비록 경험의 계열 안에서 생각되지 않지만, 그럼에도 불구하고 경험의 결합, 질서, 통일성을 이해하기 위하여 생각될 수 있다 — 는, 다시 말해서 이념은 이전의 경우에서보다 훨씬 더 쉽게 지성개념과 구별될 수 있다. 그런 까닭에 여기서 우리가 우리 사유의 주관적 조건들을 사상事象 자체의 객관적인 조건들로 간주하고, 우리 이성의 만족을 위하여 하나의 필연적 가설을 도그 마로 간주하는 데서 생기는 변증적 가상을 쉽게 재발견할 수 있다. 그런 까닭에 나는 더 이상 초월적 신학의 월권들에 관해서는 상기시킬 그 어떤 것도 갖지 않는다.《순수이성비판》이 이것에 관하여 주장한 것은 이해할 수 있고, 명백하고 확연하기 때문이다.

§56

초월적 이념들에 관한 일반적 주해

경험을 통해 우리에게 주어지는 대상들은 여러 가지 점에서 이해하기 어렵다. 많은 물음들 — 자연법칙이 우리를 이 물음들로 인도한다 — 은 그것들이 어느 정도의 높이까지 가면 이 법칙에 상응해서 계속 나아가도 전혀 해결될 수 없다. IV 349 예를 들면 무엇 때문에 물질들이 서로 끌어당기는지와 같은 물음 말이다. 그러나 만약 우리가 자연을 완전히 떠나거나 그것〔자연〕의 결합을 계속해나가 모든 가능한 경험을 넘어서면, 따라서 우리를 다른 무엇도 동반하지 않은 이념으로 침잠시키면, 그 후에 우리는 "우리에게 그 대상이 파악될 수 없다거나 사물들의 본성이 우리에게 해결할 수 없는 과제들을 내놓는다"거나 하는 말을 할 수 없다. 왜냐하면 그때 우리는 자연 혹은 일반적으로 현존하는 대상과 상관하는 것이 아니라, 우리의 이성 안에서 [개념들 자신의] 근원을 갖는 개념들, 순전한 사유-존재Gedanken-Wesen와 상관하기 때문이다. 사유-존재들과 관련해서 동일한 개념[사유존재의 개념]에서 출현하는 모든 과제는 해결할 수 있어야 한다. 이성은 이성의 고유한 태도로부터 틀림없이 완전한 해명을 할 수 있고 해야 하기 때문이다.* 영혼론적 이념들, 우주론적 이념들, 신학적인 이념들은 어떤 경험 안에서도 주어질 수 없는 순수한 이성개념들이기 때문에, 이성이 우리에게 이러한 것[이념]들과 관련하여 내놓는 물음들은 대상들을 통해서가 아니라, 이성의 순전한 준칙들을 통해서 [이성] 자신의 만족을 위해 부과되고, [그 물음들은] 모두 충분하게 대답할 수 있어야

---

* 에른스트 플라트너Ernst Platner[37]는 그의 경구들에서 명민함을 가지고 다음과 같이 말한다(§728, §729). "만약 이성이 시금석이라면, 인간 이성이 이해할 수 없는 어떤 개념도 가능하지 않다. 그러나 실제에 있어서는 이해할 수 없는 것이 발생한다. 여기서 이 이해되지 않음은 습득된 이념들의 불충분성에서 나타난다." 이것은 이치에 맞지 않는데, 말이 나왔으니 말이지 자연 안에서 우리에게 많은 것들(예를 들면 생식의 능력)이 이해가 되지 않는다는 것은 낯설지 않다. 그러나 만약 우리가 훨씬 더 높이 올라가서 자연을 넘어서면, 우리에게 다시 모든 것은 이해될 수 있다. 왜냐하면 우리는 그러고 나서 전적으로 우리에게 주어질 수 있는 대상들을 버리고, [우리는] 오직 이념들만을 다룬다. 이 이념들에서 우리는 이성이 그것들[이념들]을 통해서 경험 안에서 그것[지성]의 사용을 위해 지성에게 지시하는 법칙을 매우 잘 이해할 수 있다. 왜냐하면 그것[그 법칙]이 이성 자신의 고유한 산물이기 때문이다.

한다.[38] 또한 이러한 것은, 사람들이 그것들[이성의 준칙들]이 우리의 지성사용을 통합하는 일치성과 완전성으로, 종합적 통일로 가져가는 원칙들이라는 것을 입증함으로써 발생 A161 하고, 오직 경험 중에서만 그러나 경험의 전체에서 타당할 때에만 발생한다. 비록 경험의 절대적 전체가 불가능하다 할지라도, 원칙들 일반에 따른 인식의 전체 이념은 다만 그것[경험]에게 하나의 특별한 통일의 방식을, 다시 말해서 체계의 방식을, 우리의 인식이 단지 쪽모이가 되지 않고 (언제나 단지 모든 목적의 체계인) 최상의 목적을 위해서 사용됨으로써, 마 IV 350 련해줄 수 있는 것이다. 여기서 최상의 목적이란 이성의 실천적 목적뿐만 아니라, 이성의 사변적 사용의 최상의 목적 또한 의미한다.

초월적 이념들은 고유한 이성의 사명을, 즉 지성사용의 체계적 통일의 원리로서 표현한다. 그러나 만약 사람들이 이러한 인식 방식의 통일을 마치 인식의 대상에 귀속되어 있는 것으로 간주하거나, 본래 규제적regulativ인 그것[인식 방식의 통일]을 구성적konstitutiv인 것으로 간주하고 이러한 이념을 매개로 사람들이 자신들의 인식을 모든 가능한 경험을 넘어서까지, 그에 따라 초재적 방식으로까지 확장할 수 있다는 것을 확신한다면, 인식 방식의 통일은 오직 경험을 그것 자체[인식 방식의 통일 자체] 안에서 완전성에 가능한 한 가깝게 가져가는 것에 기여하기 때문에, 다시 말해서 경험에 속할 수 없는, 존재하지 않는 것을 통해서 그것(인식 방식의 통일)의 진행을 제한하지 않는 것에 기여하기 때문에, 이러한 것(사람들이 이 인식 방식의 통일을 마치 인식의 대상에 귀속되어 있는 것으로 간주하거나, 사람들이 이 본래 규제적인 인식 방식의 통일을 구성적인 것으로 간주하고 이러한 이념을 매개로 자신들의 인식을 모든 가능한 경험을 넘어서까지, 그에 따라 초재적 방식으로까지 확장할 수 있다는 것을 확신하는 것)은 본래적인 우리의 이성의 사명과 원칙의 판정에 있어서 순전한 착각이고, 한편으로는 이성의 경험사용을 혼란시키고, 한편으로는 이성을 이성 자신과 서로 다투게 하는 변증론이다.

맺음말

§57

우리가 앞에서 진술한 가장 명확한 증명에 따르면, 우리가 대상의 가능한 경험에 속하는 것보다 더 많이 어떤 대상에 대해서 인식하고자 희망한다면, 혹은 우리가 가능한 경험의 대상이 아닌 것으로 가정하는 어떤 사물에 대해서 그것의 특성에 따라, 마치 그것이 사물 자체인 양 규정하는 최소한의 지식이라도 요구한다면, 도대체 무엇으로 우리는 이러한 규정을 실행하고자 하는가. 시간, 공간, 모든 지성개념, 더 정확하게 말하자면 감성계 안에서 경험적 직관이나 지각을 통해서 얻은 개념들은 단지 경험을 가능하게 하는 것 이외의 다른 어떤 용도도 갖지 않으며 가질 수도 없기 때문에, 우리가 순수지성 개념들로부터 이러한 조건을 모두 제거한다면, 그 것들〔순수지성 개념들〕은 어떤 대상도 규정하지 못하고 아무런 의미도 갖지 못할 것이다.

그러나 만약 우리가 사물 자체들을 전혀 인정하지 않으려하거나, 혹은 우리의 경험을 유일하게 가능한 사물들의 인식 방식이라고, 즉 공간과 시간 안에서의 우리의 직관만을 유일 IV 351 하게 가능한 직관이라고, 우리의 추론적인 지성을 모든 가능 A164 한 지성의 원형이라고 말하고자 한다면, 그래서 경험의 가능성의 원리들을 사물들 자체의 일반적인 조건으로 여기고 싶어 한다면, 그것은 다른 한편으로 더욱 큰 모순이 된다.

만약 세심한 비판이 그것〔우리 이성〕의 경험적 사용과 관련해서 우리의 이성의 경계를 감시하지 않는다면, 그것〔우리의 이성〕의 월권들에 한계[1]를 두지 않는다면, 이성의 사용을 단지 가능한 경험에 제한하는 우리의 원리들은 저절로 초재적이 될 수 있고, 우리 이성의 제한들을 사물들 자체의 가능성의 제한이라고 말할 수 있게 된다. 마치 그것들〔원칙들〕에 대해서, 흄의《대화》[2]가 하나의 실례가 될 수 있는 것처럼 말이다.[3] 회의주의는 본래 형이상학과 형이상학의 무경찰적 형이상학의 변증학에서 발생한다. 처음에 회의주의는 단지 이성의 경험적 사용을 위해서 이것〔경험적 사용〕을 넘어가는 모든 것을 실속 없고 기만적인 것이라고 주장하고 싶어 했다. 그러나 점차로 사람들은 동일한 선험적 원칙들 — 사람들은 이러한 동일한 원칙들을 경험에서 사용하고, 부지불식간에 얼핏 보면 경험이 도달할 수 있는 것보다 더 많이 끌고 간다 — 이 있다는 것을 눈치챘기 때문에, 경험의 원칙들에서조차 의심을 갖기 시작했다. 이것〔경험의 원칙〕에서는 어떠한 곤경도 없다. 왜냐하면 건강한 지성은 이 점에서 언제나 자신의 권리들을 주장하기 때문이다. 또한 어디까지 이성을 신뢰할 수 있는지, 왜 단지 거기까지이고 더 멀리까지는 이성을 신뢰할 수 없는지를 규정할 수 없는 특별한 혼란이 학문 안에서 발생한다. 그러나 이러한 혼란은 단지 형식을 갖추고, 원칙들로부터 이끌어진 우리의 이성사용의 경계규정 A165 을 통해서만 제거될 수 있고, 미래에 발생할 수 있는 이러한 문제의 재발을 예방할 수 있을 것이다.

모든 가능한 경험을 넘어서 사물들 자체일 수 있는 것에 대해 우리가 어떠한 규정된 개념도 줄 수 없다는 건 옳다. 그럼에도 불구하고 우리는 전적으로 경험을 멀리하는 그것들〔사물들 자체〕에 대한 물음 앞에서 자유롭지 못하다. 왜냐하면 경험은 이성에게 단 한 번도 완전한 충족을 주지 않기 때문이다. 경험은 우리를 물음들에 대한 답에서 언제나 뒤로 물러나게 하고, 물음들의 완전한 해명과 관련해서 우리를 불만족스럽게 한다. 누구든지 이러한 것을 순수이성의 변증론에서 충분히 볼 수 있고, 바로 그렇기 때문에 변증론은 타당한 주관적 근거를 갖는다.

영혼이라는 것이 도대체 본래 무엇인지를 묻지 않고서, 만 IV 352 약 어떠한 경험개념도 그것〔영혼〕에 대해서 충분하지 않다면, 비록 우리가 그것〔비물질적 존재의 이성개념〕의 객관적 실재성을 전혀 증명할 수 없다 할지라도, 필요한 경우 (단순한 비물질적 존재의) 이성개념을 이러한 필요성 때문에 승인하는 것 없이, 우리가 우리의 영혼의 본성으로부터 가장 명확한 주체의 의식으로까지 도달한다는 것을 누가 견뎌낼 수 있겠는가? 마찬가지로 누가 그것〔주관〕의 현상들이 물질적으로 설명될 수 없다는 확신에 도달하는 것을 견뎌낼 수 있겠는가? 누가 세계의 영속永續과 크기, 자유 혹은 자연필연성에 대한 모든 우주론적인 물음에 있어서 한갓 경험적 인식에 만족할 수 있겠는가? 우리가 어떻게 시작을 하든지 간에, 경험적 원칙들에 따라서 주어진 모든 대답은 언제나 새로운 물음을 낳을 수 있고 이러한 새로운 물음은 마찬가지로 대답을 요구하며 그것을 통해서 결국 이성의 만족을 위한 모든 물리적 설명의 방식의 불충분함을 분명하게 입증하니 말이다. 마지막으로, 누가 예외 없는 우연성과 의존성에서 단지 경험원칙들에 따라서 생각하고 가정할 수 있는 모든 것을 보지 않을 것이며, 〔누가〕 이러한 것〔우연성과 의존성〕에 머물러 있는 게 불가능하다는 걸 보지 않을 것이며, 〔누가〕 초재적 이념들 속에서 길을 잃지 말라는 모든 금지에도 불구하고 그가 경험을 통해서 정당화할 수 있는 모든 개념을 넘어서 한 존재의 개념 안에서 평온과 만족을 찾도록 강요당한다는 것을 느끼지 않을 수 있겠는가? 이러한 존재의 개념에 대해서 이념은 그 가능성에 따라서 그 자체로는 통찰할 수 없고 또한 그 이념이 순수한 지성존재를 내용으로 하기 때문에 반박할 수도 없다. 그렇지만 이 이념 없이 이성은 영원히 불만족한 채로 머물러 있어야 하는가?

(연장적 존재에서) 경계들은 언제나 어떤 규정된 장소 밖에서 마주하면서 그것〔장소〕을 둘러싸는 공간을 전제한다. 제약

들은 그와 같은 것을 필요로 하지 않고, 그것[크기]은 오히려 이 절대적인 완전성을 갖지 않는 한에서, 크기를 촉발하는 순수한 부정성들이다. 그러나 우리의 이성은 자신의 주변에서, 비록 그것[이성]이 그것들[사물 자체들]에 대해서 결코 규정된 개념들을 가질 수 없고 단지 현상들에만 국한된다고 할지 A167 라도, 사물 자체들의 인식을 위한 공간을 본다.

이성의 인식이 동종인 한에서, 그것[이성]에 대해서는 어떤 규정된 경계들도 생각할 수 없다. 수학과 자연과학에서 인간의 이성은 비록 제약들을 인식하지만, 어떤 경계들도 갖지 않는다. 다시 말해서 그것[이성]이 결코 도달할 수 없는, 그것 밖에 무엇인가가 놓여 있다는 것을 인식하지만, 그것[이성]이 스스로 이성의 내적인 진행에서는 어디에서도 완료될 것이라고 인식하지는 않는다. 수학에서의 통찰의 확장과 새로운 발견의 가능성은 언제나 무한히 나아간다. 마찬가지로 계속되는 경험을 통한 새로운 자연속성들, 새로운 힘들과 법칙들의 발견, 이성을 통한 그러한 것들의 통합은 무한히 나아간다. 그럼에도 불구하고 여기서 그 제약들이 오인될 수는 없다. 수학은 단지 현상들에만 관계하고, 감성적 직관의 IV 353 대상일 수 없는 형이상학과 도덕의 개념과 같은 것들은 전적으로 그것들[현상들]의 영역 밖에 놓여 있고, 그것[수학]은 그러한 것들[감성적 직관의 대상이 아닌 것, 혹은 형이상학과 도덕의 개념]로 향할 수 없다. 그것[수학]은 이러한 것들을 전혀 필요로 하지 않는다. 따라서 이 학문들에게는 어떤 연속적인 전진이나 접근, 접촉의 점이나 선도 없다. 자연과학은 우리에게 결코 사물들의 내적인 것, 다시 말해서 현상이 아니면서도, 현상들의 최상의 설명근거로 쓰일 수 있는 것을 찾아내지 못할 것이다. 자연과학은 또한 물리적 설명들을 위해서 이것〔사물들의 내적인 것, 혹은 현상이 아니지만 현상들의 최상의 설명근거로서 유익할 수 있는 것〕을 필요로 하지 않는다. 만약 그것〔자연과학〕에 그러한 것이 다른 방식으로 제공된다면, (예를 들면 비물질적인 존재에서의 영향), 그것〔자연과학〕은 그러한 것을 거부해야 하고, 그것〔자연과학〕을 설명하는 데 있어서 절대로 가져와서는 안 된다. 그것〔자연과학〕은 항상 감각의 대상으로서 경험에 속할 수 있고 우리의 실제적인 지각들을 가지고 경험법칙들에 따라 연관될 수 있는 것에서 근거 지어져야 한다.

A168

그러나 형이상학은 우리를 순수이성의 변증적인 시도들(자의적이지 않거나 제멋대로의 방식으로 시작하는 것이 아니라, 이성 자체의 본성이 그것으로 내모는)의 경계들로 끌고 간다. 초월적 이념들은, 사람들이 그것들을 회피할 수도 없으나 그렇다고 그것들〔초월적 이념들〕을 결코 실재화하고자 하지 않는다는 것을 통해서, 우리에게 실제로 순수이성사용의 경계들을 입증할 뿐만 아니라 그것〔순수이성의 경계들〕을 규정하는 방식에도 사용된다. 이것이 또한 형이상학을 자신의 사랑하는 아이로서 낳은 — 이러한 사랑하는 아이의 출산은, 세상의 다른 모든 것처럼, 대략적인 우연에서가 아니라 거대한 목적으로 현명하게 유기적으로 조직된 근원적인 배아를 원천으로 갖는다 — 우리 이성의 자연적 소질의 목적이고 유용함이다. 형이상학은 아마도 어떤 다른 학문들보다 더 본성 자체에 의해서 그것의 특징들에 따라 우리 안에 놓인 것으로, 어떤 임의적인 선택의 결과로서 혹은 경험들의 진행에 의한 (경험들로부터 형이상학은 철저하게 분리된다) 우연적인 확장으 A169 로서 생각된 것은 아니다.

이성의 모든 개념과 그 경험적 사용을 위해서, 즉 감성계 안에서 충분한 지성의 법칙들을 통해서 이성은 자신에 대한 그 어떤 만족도 발견하지 못한다. 왜냐하면 재차 무한으로 빠지는 물음들 속에서 그 물음의 완성된 해결을 위한 이성의 모든 희망은 사라지기 때문이다. 이러한 완성을 목적으로 하는 초월적 이념들이 이성의 그러한 문제들이다. 이제 그것[이 IV 354 성]은 감성계가 이러한 완성을 포함할 수 없다는 분명한 점을, 따라서 오로지 감성계의 이해를 돕는 모든 개념, 즉 공간과 시간, 우리가 순수한 지성개념의 이름 아래 내세웠던 모든 것 또한 이러한 완성을 포함할 수 없다는 것을 알아차린다. 감성계는 그저 일반적인 법칙에 의해서 결합된 사슬일 뿐이고, 스스로 존립할 수 없으며, 본래적으로 사물 자체가 아니며, 그러므로 이러한 현상들의 근거를 포함하는 것으로, 현상들로서뿐만 아니라 그 사물들 자체로서 인식될 수 있는 존재에로 필연적으로 연결된다. 그것들[사물 자체들]의 인식에서 이성은 오직 제약된 것들로부터 그것들[제약된 것]의 조건들로의 진행 가운데 완성을 향한 자신의 요구를 만족스럽게 볼 수 있음을 희망할 수 있다.

위에서(§33, §34) 우리는 순수한 사유존재의 모든 인식과 관련해서 이성의 제약을 지적했다. 이제 초월적 이념들이 필연적으로 우리로 하여금 이러한 사유존재로까지 나아가게 하고, 말하자면 우리로 하여금 텅 빈 공간(그것에 대해서 우리가 아무것도 알 수 없는 것, 즉 예지체들)과 꽉 찬 (경험의) 공간이 접촉하는 데까지 도달하게 했기 때문에, 이제 우리는 순수이성의 경계들을 규정할 수 있다. 왜냐하면 모든 경계에는 어떤 적극적인 것이 있다. 왜냐하면 모든 경계에는 어떤 적극적인 것이 있는데(예를 들면, 표면은 물체적 공간의 경계이지만 그 자체로 공간이다. 선은 표면의 경계가 되는 공간이다. 점은 선의 경계이지만 언제나 공간 안에서의 위치다), 이와 반대로 제약들은 단지 부정들을 포괄하기 때문이다. 인용된 절에서 지적된 제약들은 우리가 제약들 너머에도 무엇인가를 (비록 우리가 그것이 사물 자체인지를 결코 인식할 수 없다고 할지라도) 발견한 이상 아직 충분한 것이 아니다. 왜냐하면 이제 제기되는 물음은, 우리가 아는 것과 우리가 모르는 것, 결코 알 수 없을 것과의 관계에서 우리의 이성은 어떠한 태도를 취하는가 하는 것이기 때문이다. 여기서 알려진 것과 완전히 알려지지 않은 것 (이 알려지지 않은 것은 언제나 남아 있을 것이다)과의 실제적 결합, 그러한 결합에 있어서 그 알려지지 않은 것이 또한 최소한도 알려져서는 안 된다 할지라도—도대체 어떻게 그것이 실제로 기대되지 않을 수 있겠는가—이러한 결합의 개념은 규정될 수 있고 분명함을 위해서 사용될 수 있다.

우리는 이른바 비물질적인 존재, 지성계, 모든 존재 가운데 최상의 존재(순연한 예지체Noumena)를 생각해야만 한다. 왜냐 A171 하면 이성은 단지 사물들 자체로서의 이것들(비물질적인 존재, 지성계, 모든 존재의 최상의 존재) 안에서만 완성과 만족을 만날 수 있기 때문이다. 이러한 완성과 만족을 이성은 그 IV 355 것(현상)의 동일한 근거들에서 나오는 현상들의 파생에서는 결코 희망할 수 없다. 그것들(현상들)은, 현상들이 항상 사상 事象 자체eine Sache an sich selbst를 전제하고 암시함으로써, 사람들이 그것(사상 자체)을 단지 보다 상세하게 인식하든 그렇지 않든 간에, 그것들(현상들)로부터 구별되는 어떤 것(따라서 전혀 다른 종류의 것)으로 실제 연관되기 때문이다.

이제 우리는 이 지성존재들을 그것들 자체이고자 하는 견지에서, 즉 규정적으로는 결코 인식할 수 없으나, 그럼에도 불구하고 그러한 것들(지성존재들)은 감성계와의 관계에서 가정되어야 하고 이성을 통해서 그것(감성계)과 결합해야 하기 때문에, 최소한 그것들(지성존재들)과 감성계와의 관계를 표시하는 그런 개념들을 매개로 생각할 수 있다. 왜냐하면 우리는 지성존재를 순수한 지성개념들로만 생각한다면, 그것들(순수한 지성개념들)을 통해서 실제로 어떤 규정된 것도 생각할 수 없고, 따라서 우리의 개념은 아무런 의미가 없고, 만약 우리가 그것(지성존재)을 감성계로부터 빌린 성질들을 통해서 생각한다면, 그것은 더 이상 지성존재가 아니며 현상들 가운데 하나로서 생각된 것이고 감성계에 속하게 되기 때문이다. 최상의 존재의 개념에서 한 예를 들어보자.

이신론적理神論的 개념은 전적으로 순수한 이성개념이다. 이
A172 러한 순수한 이성개념은 단지 모든 실재성을 포함하는 하나의 사물을 표상할 수 있을 뿐, 그 실재성의 단 하나도 규정할수 없다. 이신론적 개념을 규정하기 위해서는 감성계로부터 본보기가 얻어져야만 할 텐데, 그런 경우에 나는 언제나 감각의 대상에 관여할 뿐이지, 감각의 대상일 수 없는 전적으로 다른 어떤 것과는 관여하지 않는다. 왜냐하면 내가 그것(이신론적 개념)에, 예를 들어 지성을 덧붙인다고 해보자. 나는 나의 지성이 그러한 것처럼 감관을 통해서 직관이 그것에 주어져야만 하고 직관들을 의식의 통일의 규칙 아래로 가져가는 일을 하는 지성 이외에 어떠한 지성에 대한 개념도 가지고 있지 않지만 그런 경우에는 나의 개념의 요소들은 언제나 현상에 놓여 있게 된다. 그러나 현상들의 불충분함은 나로 하여금, 그것들(현상들)을 넘어서 전혀 현상에 의지하지 않은, 혹

은 그 개념의 규정의 조건으로서 존재의 개념과 밀접한 관련이 있는 존재의 개념으로까지 나아가기를 요구한다. 만약 내가 순수지성을 갖기 위해서 지성을 감성으로부터 분리시키면, 직관 없는 사유의 형식만이 남게 된다. 사유의 형식만으로는 나는 어떤 규정된 것도, 그에 따라 어떤 대상도 인식할 수 없다. 마지막으로 나는 그 대상들을 직관하는 또 다른 지성을 생각해야 한다. 대상들을 직관하는 다른 지성에 대해서 나는 최소한의 개념도 갖고 있지 않다. 왜냐하면 인간의 지성은 추론적이고 단지 일반적인 개념을 통해서만 인식할 수 있기 때 IV 356 문이다. 마찬가지로 내가 최상의 존재에 의지를 부여한다면, A173 그것은 바로 모순이 되고 만다. 왜냐하면 나는 오직 의지라는 개념을 오직 나의 내적 경험에서, 그러나 그때 우리가 그 실존을 필요로 하는 대상들에 나의 만족이 의존하는 데에서, 이 끌어냄으로써만 갖거니와, 그러므로 그 기초에 감성이 있는 것이고, 그것은 최상의 존재자라는 순수 개념과 전적으로 모순되는 것이기 때문이다. 이러한 것은 최상의 존재라는 순수한 개념에 전적으로 모순된다.

　이신론에 반대하는 흄의 반박들은 설득력이 약하고, 증명 근거들보다 더 많은 것을 결코 정해正解하지 않았으며, 이신론적 주장의 명제 자체의 정곡을 찌르지도 않는다. 그러나 유신론 — 이 유신론은 최상의 존재에 대한 우리의 순전히 초재적인 개념들의 보다 상세한 규정을 통해서 성립해야 한다 — 과 관련해서 흄의 반박들은 매우 설득력이 강하고, 사람들이 이러한 개념을 고안한 이후에, 어떤 (실제로 모든 보통의) 경우들에 있어서도 반박되지 않는다. 흄은 언제나, 존재론적 술어(영원성Ewigkeit, 편재성Allgegenwart, 전능성Allmacht) 외에 다른 어떤 술어도 부여할 수 없는 근원적 존재라는 개념으로는 실제로 어떤 규정된 것도 생각할 수 없고, 오히려 그것[근원적 존재]의 개념을 구체화할 수 있는 속성들을 덧붙이지 않으면 안 된다는 점을 고수했다. 그것[근원적 존재]이 원인이라고 말하는 것으로는 충분하지 않고, 오히려 우리는 그것[근원적 존재]의 인과성이 어떻게 지성과 의지에 의해 특징지어졌는지를 말해야 하며, 바로 여기서 사태 자체에 대한, 구체적으로 말하자면 유신론에 대한 흄의 공격이 시작된다. 흄은 이전에 이신론의 증명 근거들을 공격했었고, 이러한 것에는 어떤 특별한 위험도 뒤따르지 않았으니 말이다. 흄의 위험한 논쟁은 전부 신인동형론과 연관된다. 이 신인동형론에 대해서 흄은 그것[신인동형론]이 유신론과 구별되지 않고, 유신론을 자체 안에서 모순되게 만드는 것으로 간주했다. 만약 사람들이 그 개념[신인동형론]을 없애버린다면 유신론도 그로 인해 무너지고, 이신론 이외 다른 어떤 것도 남지 않게 된다. 이러한 이신론은 우리에게 어느 모로나 유익하지 않고, 종교나 도덕의 근본을 위해서도 사용될 수 없다. 만약 이 신인동형론의 불가피성이 확실하다면, 최상의 존재의 현존재에 대한 증명들이 어떠한 것이든 간에, 모두 용인될 수 있다 해도, 이 존재에 대한 개념은 우리를 모순에 빠지게 하지 않고서는 결코 우리에 의해 규정될 수 없다. 만약 우리가 모든 순수이성 비판의 초재적 판단을 방지하는 금지와, 겉보기에 그것들(초재적 판단들)과 싸우는 듯한 명령—이 명령은 내재적 (경험적) 사용의 영역 밖에 놓여 있는 개념들로까지 나아가게 하는 명령이다—을 결합시키면 우리는 두 가지 모두 동시에 존재할 수 있다는 것을 깨닫게 된다. 그러나 오직 모든 허용된 이성사용의 경계상境界上에서만 그러하다. 왜냐하면 경계는 경험의 영역뿐만 아니라 사유존재의 영역에도 속하기 때문이다. 우리는 그것을 통해서 동시에 어떻게 그렇게 이해할 수 없는 각각의 이념들이 오로지 인간 이성의 경계규정을 위해서 쓰일 수 있는지를 배운다. 다시 말해서 한편으로는 경험인식을 제한 없이 넓히지 않아서 단지 우리 세계 이외에 인식할 어떤 것도 남지 않으며, 다른 한편으로는 경험의 경계를 넘어서 사물들 자체로서 그것들(경험) 밖의 사물들에 대해서 판단하려 하지 않도록 하는 데에 쓰인다는 것이다.

그러나 우리가 우리의 판단을 단지 세계가 하나의 존재—이러한 존재의 개념 자체는 세계 안에서 우리가 할 수 있는 모든 인식 밖에 놓여 있다—와 가질 수 있는 관계로 제한할 때 우리는 우리 자신을 이 경계상境界上에서 정체시키

IV 357

A175

게 된다. 그러고 나서 우리는 속성들 자체 가운데 그 어떤 속성도 최상의 존재에 속성 — 이러한 속성들을 통해서 우리는 경험의 대상들을 생각한다 — 으로 부여하지 않음으로써 [우리는] 독단적인 신인동형론을 피할 수 있다. 그럼에도 불구하고 우리는 그러한 속성들을 대상 자체와는 관련이 없는 언어를 통해 최상의 존재와 세계와의 관계에 부여하고, 사실 언어일 뿐이고 대상 자체와는 관련이 없는 상징적인 신인동형론einen symbolischen Anthropomorphismus을 허락하게 된다.

만약 내가 세계를 최상의 지성과 의지의 작품으로 봐야 할 필요가 있다고 말한다면, 그것은 시계, 배, 연대聯隊가 기술자, 건축가, 사령관과 연관되는 것처럼, 감성계(혹은 현상들의 전체 토대를 형성하는 모든 것)는 알려지지 않은 것과 관계한다는 점을 말하고자 함이다. 따라서 나는 이러한 알려지지 않은 것을 그것 자체의an sich selbst 견지에서가 아니라, 그것이 나에 대해서für mich 있는 것의 견지에서, 다시 말해서 내가 일부가 되는 세계와 관련해서 인식한다.

§58

그러한 인식은 유비類比[4]에 따른 인식이다. 이러한 유비는 사람들이 일반적으로 사용하는 그런 것처럼 두 사물의 불완전한 유사성을 말하는 것이 아니라, 전혀 비슷하지 않은 사물들 사이의 두 관계에서의 완전한 유사성을 의미한다.* 이러한 유비에 의거해, 우리가 비록 그것〔최상의 존재〕을 완전히, 그것 자체로 규정할 수 있는 모든 것을 없앤다고 할지라도, 우리에게는für uns 충분히 규정된 최상의 존재 개념이 남게 된다. 왜냐하면 우리는 그것〔최상의 존재의 개념〕을 세계와 IV 358 우리와 관련해서 규정하고, 그 이상의 것은 필요로 하지 않기 때문이다. 흄이 이러한 사람들 ― 이 사람들은 그것을 위한 소재들을 자기 자신으로부터, 세계로부터 가져옴으로써

---

* 인간 행위의 합법적 관계와, 운동하는 힘들의 역학적 관계 사이의 유비가 그런 것이다. 나는 다른 사람에 대해서 그에게 동일한 조건 아래에서 나에게 동일한 것을 행하는 권리를 주지 않고서는 결코 어떤 것도 행할 수 없다. 마찬가지로 어떤 물체가 자신의 움직이는 힘을 통해서 다른 물체에게, 그로 인해 그 다른 물체가 그 물체에게 똑같은 정도로 반응하도록 유발하지 않고서는, 작용할 수 없다. 여기서 합법과 운동하는 힘은 전적으로 다른 사건들이다. 그러나 그것들의 관계에는 완전한 유사성이 있다. 그러한 토마스 아퀴나스의 유비에 의거해 나는 내가 절대로 알 수 없는 사물들에 대한 하나의 관계의 개념을 줄 수 있다. 예를 들면 아이들의 행복에 대한 요구 = a와 부모의 사랑 = b의 관계는, 인류의 행복 = c와 신 안에서 알려지지 않은 것 = x의 관계와 같다. 우리는 신 안에서 알려지지 않은 이것을 사랑이라고 말하는데, 이는 그 사랑이 인간적인 최소한의 경향과 유사성을 가져서가 아니라, 우리가 세계에 대한 그 사랑의 관계를 세계의 사물들이 서로 간에 갖는 관계와 유사한 것으로 놓을 수 있기 때문이다. 그러나 관계개념은 여기서 단지 범주, 다시 말해서 감성과는 전혀 상관 없는 원인의 개념이다.

이 개념을 절대적으로 규정하고자 한다 — 에게 행한 공격은 우리에게는 통하지 않는 것이다. 또한 만약 사람들이 우리에게서 최상의 존재의 개념으로부터 객관적인 신인동형론을 제거하면, 우리에게 어떤 것도 전혀 남지 않는다고 흄은 우리를 비난할 수 없다.

왜냐하면 만약 사람들이 (흄이 그의 《대화》에서 '클레안데스'에 반대하는 '필로스'라는 인물을 빌려 말한 것처럼) 처음에라도 하나의 필연적인 가정으로서 근원적 존재의 이신론적 개념 — 이러한 이신론적 개념 안에서 사람들은 순전히 존재론적인 술어를 통해 근원존재Urwesen를 실체Substanz, 원인Ursache 등등으로 생각한다 — 을 인정한다면(이러한 것을 사람들이 행해야 한다. 왜냐하면 감성계 안에서의 이성은 언제나 제약된 조건들에 의해서만 유발되어 이것(순전히 존재론적인 술어를 통한 실체, 원인 같은 근원존재) 없이 어떤 만족도 느낄 수 없기 때문이다. 당연히 사람들은 감성계에 기인하는 술어를 세계로부터 전적으로 구별되는 다른 존재에로 옮겨놓는 신인동형론에 빠져들 위험 없이 이를 또한 적정하게 용인할 수 있다. 이러한 술어들은 한갓 범주들로서 최상의 존재에 대한 아무런 규정된 개념도 주지 않지만, 그로써 감성의 조건으로 제약된 어떤 개념도 또한 주지 않는다), 이러한 존재로부터 우리는 세계와 관련해서 이성에 의한 인과성을 주장할 수 있고 그것(그 존재)에게 있어서 이 이성을 그것 자체의 속성으로 부여할 필요 없이, 이신론으로 넘어가는 것을 방해하지 않는다. 첫째로 사람들이 최고의 이성을 세계 안에서 모든 결합의 원인으로서 가정한다면, 감성계 안에서 모 IV 359 든 가능한 경험과 관련해서 이성의 사용을 예외 없이 자기 자 A178 신과 일치시켜서 최고도로 밀어붙이는 것이 사람들에게 유일하게 가능한 길이기 때문이다. 만약 사람들이 재차 최상의 이성을 세계 안에서 모든 결합의 원인으로서 가정한다면, 그런 원칙은 그것(이성)에게 예외 없이 이익이 되는 것이어야 한다. 그러한 원칙은 이성의 자연사용에 있어서 어디에서도 그것(이성)에게 해가 되지 않는다. 그러나 둘째 그렇다고 해서 그러한 것을 통해 이성이 근원적 존재 자체의 속성이 되는 것이 아니라, 단지 이성은 그것(근원적 존재)과 감성계와의 관계로 옮겨가게 됨으로써 신인동형론은 전적으로 방지될 수 있다. 왜냐하면 여기서는 오직 이성형식의 원인만이 관찰되기 때문이다. 이러한 이성형식은 세계 어디에서나 마주칠 수 있고 그것(최상의 존재)이 이러한 세계의 이성형식을 포함하는 한, 최상의 존재에게, 이성을 부여하지만, 단지 유비의 견지에서만 부여하는 것이다. 즉 이러한 표현은 단지 거기에서(그 관계 안에서) 최상의 정도로 모든 것을 이성에 맞게 규정하기 위해서 우리에게 알려지지 않은 세계에로의 최상의 원인을 갖는 관계만을 표시하는 한에서 그렇다. 그러한 것을 통해서 우리가 신을 사유함에 있어 이성의 속성을 이용하지 않는 것이 방지될 뿐만 아니라 이 이성의 속성을 매개로 세계를 원리에 따라서 이 세계에 대한 가능한 한 최대로 이성을 사용하는 것이 필연적이듯이, 생각하게끔 된다. 우리는 그러한 것을 통해서 우리에게 최상의 존재는 그 자체인 것으로 탐구되지도 않고 게다가 규정된 방식으로는 생각할 수 없다는 것을 인정하게 된다. 그럼으로써 우리는 우리가 (의지를 매개로) 작용하는 원인으로서의 이성에 대해 갖는 우리의 개념들을 초재적으로 사용하는 것을 막는다. 이는 인간적인 본성을 통해서 얻어지는 속성으로 신적인 본성을 규정하거나, 거칠고 열광적인 개념들로 우리를 미혹하지 못하게 한다. 그러나 다른 측면에서 신에게 양도받은 인간 이성의 개념들로 세계고찰을 초물리적인 설명 방식으로 넘치게 하여 이성의 본래적인 사명을 망각하는 일을 없게 한다. 이러한 본래적인 사명의 견지에서 세계고찰은 이성을 통한 오직 자연의 연구여야지 최상의 이성으로부터 그것〔자연〕의 현상들을 잘못 도출해서는 안 된다. 우리의 미약한 개념들은 마치 세계가 최상의 이성으로부터 이성의 현존이나 내적인 규정의 견지에서 유래한다고 생각한다. 이를 통해 우리는 그것〔세계〕 자체에 귀속하는 특징을 인식하면서도, 그것〔세계〕의 원인 자체를 규정하려는 주제 넘는 짓을 하지 않는다. 다른 한편으로 우리는 최상 원인의 세계에 대한 관계에 이러한 (세계 안에 있는 이성 형식의) 속성의 근거를 내놓으면서도 세계가 이를 위해 그 자신만으로 충분하다고 보지 않는다.*

A179

IV 360

그런 방식에서 유신론에 반대하는 듯이 보이는 어려움들 은 다음과 같은 것을 통해서 사라진다. 이성의 사용이 모든 가능한 경험의 영역을 독단적으로 넘지 않도록 하는 **흄**의 원칙과, 흄이 전적으로 간과한, 다시 말해서 가능한 경험의 영역을 우리 이성 자체의 시야에 한계 지어진 것으로 간주하지 않는다는 다른 원칙을 결합시킴으로써 사라진다. 이성의 비판은, 흄이 싸운 독단주의와 그가 그것〔독단주의〕에 반대하여 불러들인 회의주의 사이의 참된 중도中道를 가리킨다. 그 중도는 말하자면 우리가 기계적으로 (어느 정도는 어떤 하나로부터 취하고 또 어느 정도는 또 다른 하나로부터 취해서) 임의로 결정하도록 권할 뿐 이로써 어느 누구도 보다 나은 것을 배우지 못하는 중도가 아니라, 사람들이 원리에 따라 정확하게 규정할 수 있는 그러한 중도이다.

---

* 나는 '최상 원인의 인과성의 세계에 관한 관계는 인간 이성이 인간 이성의 기술 작품들에 관한 관계와 같다'고 주장한다. 거기에서 최상 원인의 본성 자체는 알려져 있지 않다. 나는 단지 나에게 알려진 최상 원인의 결과 (세계질서die Weltordnung)와 최상 원인의 이성순응을 나에게 알려진 인간 이성의 결과와 비교하고, 그런 까닭에 최상의 원인을 이성이라고 명명한다. 그렇다고 해서 내가 이러한 표현으로 인간을 이해하는 것과 동일한 것을, 혹은 나에게 알려진 어떤 것을 최상의 원인에 이성의 특성으로서 부여하는 것은 아니다.

§59

나는 이 주해의 처음에서 이성에 적합한 그것(이성)의 사용과 관련해서 이성의 제약들을 확정하기 위해서 경계라는 비유를 이용했다. 감성계는 사물들 자체가 아닌 단지 현상들만을 포함한다. 따라서 지성이 사물들 자체를 후자(예지체)

A181 로 가정하지 않을 수 없는 이유는 그것(지성)은 경험의 대상들을 한갓 현상들만으로 인식하기 때문이다. 우리의 이성 안에서 함께 관련을 맺고 있는 두 가지(현상과 사물 자체)는 다음과 같은 질문을 유발한다. 두 가지 영역과 관련해서 지성을 한정하는 이성은 어떻게 행동하는가? 감성계에 속하는 모든 것을 포함하는 경험은 자기 자신을 경계 짓지 않는다. 그것(경험)은 모든 제약된 것에서 언제나 다른 제약된 것으로 움직일 뿐이다. 그것(경험)을 경계 지어야 할 것은 전적으로 그것(경험) 밖에 놓여 있어야 하고, 이것은 순수한 지성존재의

IV 361 영역이다. 그러나 이 영역은 우리에게 있어, 그것이 지성존재의 본성 규정에 관한 문제인 한에서, 그것이 독단적으로 규정된 개념으로 간주됨으로써 가능한 경험의 영역을 넘어설 때 우리가 더 이상 나아갈 수 없는 한에서, 텅 빈 공간이다. 경계 자체란 경계의 내면에 놓여 있는 것에도 속하고, 현존하는 것의 총괄Inbegriff[5] 밖에 있는 공간에도 속하는 적극적인 것으로서 실제로 적극적인 인식이다. 이러한 적극적 인식에 이성

은 스스로 이러한 경계로까지 확장해가는 것을 통해서 관여하면서도, 이성은 자신 앞의 텅 빈 공간을 발견하고 이러한 경계 너머로까지 넘어가는 것을 시도하지 않는다. 이러한 텅 빈 공간 안에서 이성이 비록 사물들을 위한 형식들을 생각할 수는 있겠지만, 사물들 자체에 대해서는 생각할 수 없기 때문이다. 그러나 이성에게 알려지지 않은 것에 의한 경험적 영역의 이러한 경계 짓기Begrenzung는 그럼에도 불구하고 이러한 지점에 서 있는 이성에게 여전히 남아 있는 하나의 인식이다. 이러한 인식을 통해서 이성은 감성계 안에 포함되지도, 그것 〔감성계〕 밖에서 광신하지도 않고, 단지 경계의 인식에 걸맞 A182 게 경계 밖에 놓여 있는 것과 그 안에 놓여 있는 것의 관계로 자신을 제한한다.

자연적 신학은 인간 이성의 경계에 있는 그런 개념이다. 왜냐하면 이성은 최상 존재의 이념을 (그리고 실천적 관계에서는 또한 예지적 세계의 이념으로) 내다보도록 강요당하기 때문이다. 이는 순전한 지성존재에 관해서, 즉 감성계 밖의 무언가를 규정하기 위한 것이 아니라, 오직 감성계 안에서 이성의 고유한 사용을 가능한 한 가장 커다란 (이론적인 것뿐만 아니라 실천적인) 통일의 원리들에 따라서 이끌게 하기 위함이며, 이를 위해서 모든 결합의 원인인 하나의 독립적인 이성과 감성계의 관계를 이용하기 위해서이지 이를 통해 단지 어떤 존재를 날조해내기 위한 것이 아니다. 감성계 밖에서 필연적으로 오직 순수한 지성만이 생각하는 어떤 것과 마주쳐야 하기 때문에, 이것(단지 순수한 지성이 생각할 수 있는 것)을 단지 그러한 방식으로, 비록 유비에 의한 것일지라도, 규정하는 것이다.

이렇게 해서 전체《순수이성비판》의 결과인 상술한 명제 즉, "우리에게 이성은 모든 이성의 선험적 원칙에 의해서 결코 가능한 경험의 대상들 이상의 무엇인가를 가르치지 않으며, 또한 이것들(대상들)에 대해서 경험 안에서 알려질 수 있는 것 이외에 다른 어떤 것도 가르치지 않는다"라는 명제가 A183 성립한다. 그러나 이러한 제약은 이성이 우리를 경험의 객관적인 경계로까지, 다시 말해서 자체적으로 경험의 대상이 아니면서도 모든 경험의 최상의 근거인 것과의 관계에로까지 이끌고 가는 것을 방해하지 않는다. 그렇지만 이성은 우리에게 그와 같은 것(최상의 근거) 자체에 대한 가르침 없이, 단지 이성의 고유하고 완전한, 최상의 목적으로 향하는 사용으로서의 관계에서 가르친다. 그러나 이것이 사람들이 이성적인 방식으로 바랄 수 있는 유용함의 전부이고 그 유용함에 사람들이 만족해야 할 이유가 있는 것이다.

§60

이로써 우리는 형이상학을, 그것(형이상학)이 실제로 인간

이성의 자연적 소질 안에, 그것도 이성의 작업의 본질적 목적을 형성하는 것 안에서 실제로 주어진 대로, 그것〔형이상학〕의 주관적 가능성에 따라 자세하게 설명했다. 그러는 동안 우리는 만약 학문적인 비판을 통해서 가능한 그것〔이성〕의 훈육이 그것〔이성〕을 제어하거나 제한하지 않는다면, 우리 이성의 맹아의 순수한 자연적 사용은 이성을 초재적인, 한편으로는 한낱 가상인, 다른 한편으로는 자가당착적인 변증적 추리들에 빠뜨리며, 이러한 궤변을 부리는 형이상학은 자연인식의 촉진을 위해서 없어도 되고, 심지어 그것〔자연인식〕에 불리한 것이 되고 만다는 것을 발견했다. 우리 이성 안에서 초재적 개념들을 위한 이러한 맹아가 목표로 삼을 수 있는 자연목적을 발견하는 것은 언제나 자연 연구에 가치 있는 과제로 남는다. 왜냐하면 자연 안에 놓여 있는 모든 것은 근원적 A184 으로 어떤 유용한 목적을 내재하고 있기 때문이다.

그러한 탐구는 사실 다루기 힘들다. 나는 또한 그것이 단지 추측일 수 있다는 것을 고백해야 한다. 마치 자연의 최초의 목적을 내용으로 하는 모든 것은, 내가 이러한 것에 대해서 말할 수 있는 모든 것처럼, 나에게 오직 이 경우에만 허용될 수 있을 것 같다. 왜냐하면 이 물음은 형이상학적 판단의 객관적 타당성이 아니라, 그러한 것〔형이상학적 판단〕을 위한 자연소질에 관한 것이고, 또한 형이상학의 체계 밖 인간학에 놓여 있기 때문이다.

만약 내가 모든 초월적 이념 — 이러한 초월적 이념들의 전체가 자연적인 순수이성의 본래적 과제를 형성한다. 이러한 과제는 이성이 한갓 자연 관찰에만 머무는 것을 포기하게 하고, 모든 가능한 경험을 넘어가는 노력을 통해 형이상학이라고 일컬어지는 것을 (그것이 지식이든 망상이든 간에) 성립시킨다 — 을 관찰하면, 나는 이러한 자연소질이 우리의 개념을 경험의 포박으로부터, 한갓 자연 관찰의 제약들로부터, 적어도 그것[우리의 개념]이 자신 앞에서 하나의 영역 — 이러한 영역은 순전히 순수지성을 위한 대상들만을 포함하고, 여기에는 어떤 감성도 도달할 수 없다 — 이 열려 있음을 보게 하려는 걸 목표로 한다는 것을 알게 된다고 믿는다. 비록 이것들[순수지성을 위한 대상들]을 사변적으로 다루기 위

IV 363 한 의도에서가 아니라 (왜냐하면 우리는 우리가 발을 내딛을 수
A185 있는 어떤 기반도 발견할 수 없기 때문이다), 그것들의 필연적인 기대와 희망을 위한 공간을 자신 앞에서 실천적 원리들이 그것들[순수지성의 대상들]을 다루기 위한 의도에서라 할지라도, 이러한 실천적 원칙들은 그것들의 필연적인 기대와 희망을 위한 그런 공간을 자신 앞에 발견하지 않고는 이성이 도덕적 의도에서 불가피하게 필요로 하는 보편성에 다다를 수 없다.

여기서 나는 인간 영혼의 이념 — 나는 그것[인간 영혼의 이념]을 통해서 순수한 그리고 모든 경험개념을 넘어서는 숭

고한 인간 영혼의 본성에 대해서 통찰할 수 없을 수도 있을 것이다 ― 이 적어도 후자들〔경험개념들〕의 불충분함을 충분히 드러냄으로써 나를 어떤 자연의 설명을 위해서도 쓸모없고, 실천적 의도에서 이성을 협소하게 하는 인간 영혼의 심리적 개념으로서의 유물론으로부터 떼어놓는다는 것을 알게 됐다. 그와 함께 우주론적 이념들은 이성의 정당한 물음 안에서 이성을 만족시키는 모든 가능한 자연인식의 명백한 불충분함을 통해서 자연은 자연 자체만으로 충분하다고 주장하는 자연주의로부터 우리를 보호하는 데 유익하다. 마지막으로, 감성계 안에서 모든 자연필연성은 그것〔감성계의 자연필연성〕이 언제나 사물들의 다른 사물들에 대한 의존을 전제함으로써 항상 제약된 것이기 때문에, 무제약적인 필연성은 감성계와 구별되는 원인의 단일성 안에서 발견되어야 하는 것이기 때문에, 그러나 그것이〔감성계의 자연필연성〕이 한갓 자연이 될 경우에는, 그것〔자연필연성〕의 인과성이 결코 우연적인 것의 현존을 그것〔자연필연성〕의 결과로써 파악할 수 없기 때문에, 이성은 신학적인 이념을 매개로 자신을 숙명론으로부터, 즉 제일 원리erstes Prinzip가 없는 자연 자체의 연결 안에서의 눈먼 자연필연성에서, 또한 이러한 원리 자체의 인과성 안에서 눈먼 자연필연성에서 벗어나 자유에 의한 원인의 개념, 즉 최상의 예지자의 개념으로 인도한다. 이 초월적 이념들은, 비록 우리에게 적극적인 가르침을 주진 A186

않더라도, 이성의 영역을 협소하게 하는 그 뻔뻔스러운 유물론, 자연주의, 숙명론의 주장들을 지양하고, 그것을 통해서 사변 영역 밖의 도덕적 이념들에게 공간을 마련해주는 데 유용하다. 이러한 것이 저 자연소질을 어느 정도 설명해줄 거라고 생각한다.

순수한 사변적 학문이 가질 수 있는 실천적 유용은 이러한 학문의 경계 밖에 놓여 있고, 따라서 순전히 하나의 주해로 간주될 수 있으며, 모든 주해와 마찬가지로 학문 자체의 일부에 속하지 않는다.[6] 그럼에도 불구하고 이러한 관계는 적어도 철학의 경계들 안에 놓여 있고, 특히 형이상학 안에서 이성의 사변적 사용이 도덕에서의 실천적 사용과 필연적으로 IV 364 로 통일을 이루어야 하는 순수이성의 원천에서 길어낸 것들 안에 놓여 있다. 그런 까닭에 형이상학 안에서 순수이성의 불가피한 변증학은 자연소질로서 관찰되며, 해결되어야 할 필요가 있는 가상으로서뿐만 아니라, 자신의 목적에 따라서 자연기제自然機制, Naturanstalt로서도, 만약 사람들이 할 수 있다면, 설명될 만한 것이다. 비록 이러한 일이 과도하게 칭찬 A187 할 만한 것으로서 고유한 형이상학에 당연하게 요구되어서는 안 되겠지만 말이다.

《순수이성비판》[7] 642쪽부터 668쪽까지 계속되는 물음들의 해결은 형이상학의 내용과 더 많이 연관된 제2의 주해로 간주되어야 한다. 왜냐하면 거기에는 자연질서 혹은 자연질서의 법칙을 경험을 통해 찾아야 하는 지성을 선험적으로 규정하는 확실한 이성원칙들이 진술되어 있기 때문이다. 이성 원칙들은 구성적으로, 그리고 경험과 관련해서 법칙을 주는 것처럼 여겨진다. 왜냐하면 이성의 원칙들은 지성처럼 가능한 경험의 원칙으로서 간주되어서는 안 되는 순수이성에서 기인하기 때문이다. 마치 자연이 현상들 혹은 현상들의 원천에, 감성에 그 자체로서 귀속되는 것이 아니라, 단지 후자(감성)와 관계하는 지성에서만 마주하는 것처럼, (하나의 체계 안에서) 모든 가능한 경험을 위한 지성 자신의 사용의 예외 없는 통일은 단지 이성과의 관계에서만 이 지성에게 귀속할 수 있고, 따라서 경험도 간접적으로 이성의 입법 아래 존립하는지 어떤지 하는 것은, 형이상학 안에서, 게다가 자연역사 일반을 체계적으로 만드는 일반적인 원리들 안에서, 이성의 사용 밖에서 이성의 본성을 탐색하는 사람들에 의해서 계속적으로 숙고될 수 있다. 이러한 과제를 나는 《순수이성비판》 자체에서는 비록 중요한 것으로 설명했지만, 과제를 해결하려고 시도하지는 않았기 때문이다.*

이렇게 해서 나는, 형이상학의 사용이 실제로, 적어도 결과 IV 365

---

*《순수이성비판》을 통해서 순수이성의 본성에 대한 탐색을 완성할 수 있게 하는 어떤 것도 소홀히 하지 않는다는 것이 일관된 나의 의지였다. 비록 그것이 아무리 깊게 숨겨져 있다 할지라도 말이다. 만약 어떤 것이 여전히 행해져야 하는지가 제시되기만 한다면 그다음에 오는 누군가가 그의 연구

들에서 출발하여 그것의 가능성의 근거들로까지 올라감으로써 내 자신이 제기했던 중요한 물음인 '어떻게 형이상학 일반이 가능한가?'에 대한 분석적 해결을 끝마친다.

'형이상학이 학문으로서 어떻게 가능한가?'라는 서설의 일반적 물음의 해결

이성의 자연소질로서 형이상학은 실재하지만, 그 자체만으로는 (셋째 주요 물음의 분석적 해결이 증명한 것처럼) 변증적이고 기만적이다. 그러나 이러한 것〔형이상학〕에서 원칙들을 얻고자 하고 그것〔형이상학〕의 사용에 있어 자연스럽기는 하나 잘못된 가상을 따르는 것으로는 결코 학문을 산출할 수 없고 단지 자만심에 찬 변증적 기술을 산출할 수 있을 뿐이다. 이러한 변증적 기술에 있어서는 한 학파가 다른 학파들을 능가할 수는 있지만, 어떤 학파도 합법적이고 지속적인

A189

를 어디까지 추구할 것인지는 그의 재량에 달려 있다. 왜냐하면 이런 일을 사람들은, 미래를 증축하고 임의적인 분배를 하는 것을 다른 사람에게 맡기는 것을 자신의 과업으로 삼은 사람들에게 기대할 수 있기 때문이다. 두 개의 주해 또한 여기에 귀속된다. 이 주해들은 그 무미건조함으로 아마추어들을 어렵게 만들 수 있고, 따라서 오직 전문가들에 의해서만 정립될 수 있다.

동의를 얻을 수는 없다.

형이상학이 학문으로서 기만적인 설득이 아니라 통찰과 확신을 요구하기 위해서는, 이성 자체의 비판이 선험적 개념의 완전한 준비를, 서로 다른 원천들에 따른 감성, 지성, 이성의 분류와 완전한 목록을, 특히 그러한 개념들의 분해에서 추론될 수 있는 개념들의 선험적 종합 인식의 가능성을, 또 이러한 개념들의 연역에 의거해 추론될 수 있는 모든 것과 이러한 개념들의 분해를, 이성의 사용의 원칙들을, 마지막으로 또한 이성의 경계를, 하나의 완전한 체계 안에서 명시해야 한다. 따라서《순수이성비판》은 또한 전적으로《순수이성비판》만이 확실하게 검토되고 증명된 전체의 계획을, 그 밖에 모든 실행의 수단을 자신 안에서 포함한다. 이러한 것〔계획과 실행의 수단〕을 통해서 형이상학이 학문으로서 성립될 수 있다. 다른 방법과 수단을 통해서는 그것〔형이상학〕이 불가능하다. 여기서 문제시되는 것은 어떻게 이러한 작업이 가능한지가 아니라 오직 어떻게 이것〔작업〕을 진행시키는가, 훌륭한 재능이 있는 사람들을 지금까지의 전도된, 결실 없는 검토로부터 기만 없는 검토로 옮겨갈 수 있도록 하느냐에 있 A190 고, 어떻게 공통의 목적을 지향하는 동맹을 가장 올바르게 이끌어갈 수 있는지에 있다.

한 번《순수이성비판》을 맛본 사람은 모든 독단적인 잡담 Ⅳ 366 에 언제나 역겨움을 느끼게 된다는 것만큼은 확실하다. 그가 이전에 부득이하게 이 잡담들에 애착愛着을 가지고 있었던 것은 그의 이성이 자신의 유지를 위해 무엇인가를 필요로 했고, 이성의 보존을 위해 더 나은 어떤 것도 발견할 수 없었기 때문이다. 《순수이성비판》이 통상적인 강단 형이상학과 맺는 관계는 바로 화학의 연금술과, 또는 천문학이 점을 치는 점성술과 맺는 관계와 똑같다. 나는 오직 이《형이상학 서설》에서 이《순수이성비판》의 원칙들을 생각하고 이해한 사람이라면 누구라도 다시는 저런 오래되고 궤변적인 사이비 학문으로 되돌아가지 않는다고 확신한다. 오히려 그는 명쾌한 유쾌함으로 자신의 힘 안에 있는, 또한 어떤 예비적인 발견들도 더 이상 필요로 하지 않는, 무엇보다도 먼저 이성에게 지속적인 만족을 마련해줄 수 있는 형이상학을 찾을 것이다. 왜냐하면 그것이 모든 가능한 학문 중에서 오직 확고한 기대를 가지고 형이상학이 기대할 수 있는 장점, 즉 더 이상 변하지 않고 새로운 발견들을 통해서 증대되지도 않기에 완벽하고 간단없는 상태에 이르는 장점이기 때문이다. 이성은 여기서 자신의 인식의 원천들을 대상들과 그것들〔대상들〕의 직관에서가 아니라(이성은 그것들〔대상들과 대상들의 직관〕을 통해서 더 많은 것을 배울 수 없다) 이성 자신에게서 가지니 말이다. 만약 이성이 이성의 능력들의 근본법칙들을 완전하게 그리고 모든 곡해에 대항해 확실하게 눈앞에 내보이면, 순수한 이성이 선험적으로 인식할 수 있는 어떤 것도 남지 않을 것이고, 이성이

A191

근거를 가지고 물을 수 있는 무엇도 남지 않을 것이다. 심지어 사람들이 모든 유용성을 (이것에 대해서는 내가 이후에 더 말할 것이다) 한쪽으로 치워놓는다 할지라도, 그렇게 확실하고 완전한 지식에 대한 희망은 특별한 매력을 갖는다.

모든 허위의 기술, 모든 허황된 지혜는 오래 지속될 수 없다. 왜냐하면 결국 그것〔모든 허위의 기술, 모든 허황된 지혜〕 스스로 자신을 파괴하고, 그것의 최상의 번성Kultur은 동시에 그것의 몰락의 시점이기 때문이다. 형이상학과 관련해서 이 시간이 지금 도래했다는 것을 그 상황이 증명해준다. 이러한 상황에서 형이상학은 그 밖에 학문들이 여러 방식으로 검토된 모든 열의에도 불구하고, 학식 있는 시민들 아래에서 쇠퇴한다. 대학의 오래된 연구 제도는 아직 형이상학의 잔영을 보존하고 있고, 학문들의 유일한 학술원은 때때로 포상을 통해 형이상학 안에서 이런저런 시도를 하도록 사람들을 움직이지만, 형이상학은 더 이상 근본적인 학문으로 생각되지 않는다. 가령 사람들이 위대한 형이상학자라고 부르고자 하는 어떤 기지 있는 사람이 이러한 선의의, 그러나 어느 누구도 부러워하지 않는 찬사를 어떻게 받아들일 것인지는 스스로 판단해보는 것이 좋다.

비록 모든 독단적인 형이상학이 쇠퇴하는 시간이 의심할 여지 없이 도래했다고 할지라도, 근본적이고 완성된 이성 비판을 매개로 독단적 형이상학의 쇠퇴에 반대해서 형이상학

IV 367

A192

의 부활의 시간이 이미 도래했다는 것을 말할 수 있기 위해서는 몇 가지 부족한 점이 있다. 하나의 경향이 그것과 반대되는 경향으로 넘어가는 모든 이행은 무관심의 상태로부터 일어나는데, 이러한 시기는 한 저자에게 있어서 가장 위험한 것이지만, 그러나 내가 생각하는 것처럼, 학문에 있어서는 가장 바람직한 시기다. 왜냐하면 만약 이전 결합들과의 완전한 단절 뒤에 편협한 정신이 사라지고 나면, 그 마음들은 다른 계획에 의한 동맹을 위한 제안들을 경청하는 최상의 상태에 있게 되기 때문이다.

내가 이《형이상학 서설》에 대해 이 책이 비판의 영역에서 탐색을 활발하게 하고, 사변적인 영역에서 자양분이 부족한 듯 보이는 철학의 일반적allgemein 정신에 많은 새로운 것을 약속할 수 있고 생명을 건강하게 유지시킬 수 있는 대상을 제공할 수 있기를 희망한다고 말할 때, 나는 이미 다음과 같은 것을 생각할 수 있다. 내가《순수이성비판》에서 인도한 가시밭길에 불만과 지겨움을 품게 된 누군가가 나에게 어디서 이러한 희망을 근거 짓는지를 물을 것이라는 점을 말이다. 이에 대한 나의 대답은 "저항할 수 없는 필연성의 법칙에서"이다.

인간 정신이 형이상학적 탐색을 언젠가 완전히 포기하게 된다는 건, 오염된 공기를 들이마시지 않기 위해 호흡을 멈 A193 춘다는 것처럼, 기대할 수 없는 일이다. 따라서 세계에는 언제나 형이상학이 있으되, 특히 사유하는 사람들에게는 공적인 표준 척도가 없는 한에서, 모두가 자신의 방식대로 형이상학을 재단할 것이다. 그런데 지금까지 형이상학이라 불리었던 것들은 꼼꼼하게 검사하는 재능을 가진 어떤 사람도 만족시킬 수 없었다. 그러나 형이상학을 완전히 버리는 것은 불가능하다. 결국 순수이성 자체의 비판이 시도되어야 하고, 만약 비판이 현존한다면 탐색되어야 하고, 보편적인 검사에 부쳐져야 한다. 왜냐하면 한갓 지식욕 이상의 욕망이 끝까지 강요하는 것을 제거할 어떤 수단도 없기 때문이다.

내가 비판을 알고 난 이후 형이상학적 내용의 어떤 저술을 통독한 후에, 이러한 형이상학적 내용의 저서들이 그것들의 개념 규정을 통해서, 다양성과 질서를 통해서, 쉬운 강연을 통해서 나를 즐겁게 할 뿐만 아니라 도야시켰다고 해도 다음 IV 368 과 같이 묻지 않을 수 없었다. 이 저자는 명백히 형이상학을 한 걸음이라도 진보시켰는가? 나는 나에게 다른 의도에서 사용되었고, 언제나 마음의 능력을 도야하기 위해서 사용된 그 저서들의 저자인 박식한 사람들에게 용서를 빈다. 왜냐하면 나는 그들의 시도에서도, 그리고 나의 미미한 시도에서조차 (자기애는 나의 것이 보다 낫다고 말할 것이나) 그것을 통해서 그 학문 A194 이 최소한이나마 진전이 있었다는 것을 발견할 수가 없었는데, 이것은 그 학문이 아직 존재하지 않았을 뿐더러 단편적으로 모아질 수 있는 것도 아니며, 오히려 그것〔학문〕의 맹아가

비판 안에서 먼저 완전히 전성前成, präformiert[8]되어 있어야 한다는 완전히 자연적인 근거aus dem ganz natürlichen Grunde에서 그러했기 때문이다. 그러나 모든 잘못된 오해를 방지하기 위해 사람들이 기억해야 할 것은 이전의 것에서 우리의 개념들의 분석적 방법을 통해서 비록 지성이 틀림없이 많이 사용되어지겠지만, (형이상학의) 학문은 그러한 것을 통해서 최소한의 진전도 이룰 수 없다는 것이다. 왜냐하면 개념들의 저러한 분해는 단지 그것을 가지고서 비로소 학문이 만들어져야 할 재료일 뿐이기 때문이다. 그래서 사람들은 실체와 우유성의 개념을 멋지게 분할하고 규정할 수 있는 것이다. 그것은 어떤 미래적 사용을 위한 준비로서 아주 좋은 것이다. 그러나 내가 존재하는 모든 것 안에서 그 실체가 지속되고 단지 우유성들만이 변한다는 것을 증명할 수 없다면, 모든 이러한 분해를 통해서 그 학문은 최소의 진전도 이룰 수 없다. 이제 형이상학은 이러한 명제도 충분근거율도 증명할 수 없고, 어떤 합성된 명제도, 예를 들면 영혼론이나 우주론에 속하는 명제도, 어떤 종합 명제도 지금까지 선험적으로 타당한 것으로 증명할 수 없다. 따라서 모든 각각의 분석을 통해서는 어떤 것도 이행되지 않고, 어떤 것도 창조되거나 진전되지 못하며, 그 학문은 그렇게 많은 잡음과 소문 이후에도 여전히 그것[학 A195 문]이 아리스토텔레스 시대에 있었던 그대로 머무른다. 만약 누군가가 종합적 인식들에 이르기 위한 해결의 실마리를 발견했더라면, 이 학문을 위한 준비들은 명백하게 예전보다 훨씬 더 좋았을 것임에는 이론의 여지가 없다.

만약 누군가가 이 때문에 감정이 상하게 된다면, 그가 단지 유일하게 종합적인, 형이상학에 속하는 명제 — 이러한 명제를 그는 독단적인 방식으로 선험적으로 증명하겠다고 자처한다 — 를 내세우려고 한다면, 그는 이 고발을 쉽게 없던 것으로 만들 수 있다. 만약 그가 이것을 실행한다면, 나는 그가 실제로 학문을 계속 발전시켰음을 인정할 수 있다. 비록 이러한 명제가 그 밖에도 일반적인 경험을 통해서 충분하게 증명되어야 한다 할지라도 말이다. 어떤 요구도 더 적당하거나 정당할 수 없고, (불가피하게 어떤) 불이행의 경우에 어떤 발언도 형이상학이 학문으로서 지금까지 전혀 존재하지 않 Ⅳ 369 았다는 것보다 더 정당할 수 없다.

도전이 받아들여지는 경우에 나는 단지 두 가지 것들을 금지해야 한다. 첫째는 형이상학뿐만 아니라 기하학에도 부적합한 개연성과 추측의 장치이고, 둘째는 소위 건전한 인간 지성이라는 마법의 지팡이에 의거한 결정이다. 이러한 결정은 모든 사람에게 타당한 것이 아니라 단지 개인적인 속성들에 따른 것이다.

첫째 것과 관련해서 말하자면, 순수이성의 철학인 형이상학 A196 에서 자신의 판단을 개연성과 추측에 근거하려는 것보다 더 불합리한 것은 발견할 수 없다. 선험적으로 인식되어야 할 모든 것은 바로 그런 이유로 자명한 것이라고 확실하게 말해져야 하고, 따라서 그렇게 증명되어야 한다. 어느 누가 기하학 혹은 산술학을 추측들 위에 근거 지으려고 할 수 있겠는가. 왜냐하면 산술학의 확률 계산을 말할 것 같으면, 그것은 개연적인 [판단이] 아니라 주어진 동일한 종류의 조건 — 이러한 동일한 종류의 조건들은 모든 가능한 경우의 합계에서 전적으로 틀림없이 규칙에 맞게 마주할 수 있다 — 들 아래에서 확실한 경우들의 가능성의 정도에 대한 전적으로 확실한 판단을 포함한다. 비록 이것이 모든 개개의 우연에 관해서 충분하지 않게 규정되었다 할지라도 말이다. 단지 경험적 자연과학에서만 추측들은 (귀납과 유비에 의거해) 용인될 수 있다. 그렇다 하더라도 적어도 내가 가정한 것의 가능성은 완전히 확실하지 않으면 안된다.

만약 논의가 개념들과 원칙들과 관련된 것이라면, 그것들 [개념들과 원칙들]은 경험에 관해서 타당해야 하는 것이 아니라 경험의 조건들 밖에서 타당한 것으로 말해져야 한다. 이런 상황에서 건전한 인간 지성을 끌어내는 것은 자칫하면 더욱 나쁜 상황이 될 수 있다. 그러면 대체 건전한 지성이란 무엇인가? 지성이 올바르게 판단하는 한에서, 그것은 평범한 지성이다. 평범한 지성은 추상적인 견지에서 인식의 규칙의 능력인 사변적 지성과 달리 구체적인 견지에서의 인식의 능력이고 규칙의 사용 능력이다. 평범한 지성은 그 규칙 — 발

A197

생하는 모든 것은 그의 원인에 의해서 규정된다 — 을 거의 이해할 수 없고, 결코 일반적으로 통찰할 수는 없을 것이다. 그런 까닭에 평범한 지성은 경험에서의 본보기를 요구한다. 창유리가 깨지거나 가재도구가 사라졌을 때, 이 일이 그 IV 370 것〔평범한 지성〕이 언제나 생각한 것 이외에 다른 어떤 것도 의미하지 않는다는 것을 들었을 때, 그것〔지성〕은 원칙을 이해하고 그것〔원칙〕을 인정한다. 따라서 평범한 지성은 자신의 규칙들을 (비록 그것〔일반적 지성〕에게 동일한 것이 실제로 선험적으로 내재한다 할지라도) 경험 안에서 확인된 것으로 볼 수 있는 이상을 사용하지 않는다. 따라서 그것들〔규칙들〕을 선험적으로, 경험으로부터 독립해서 통찰하는 것은 사변적 지성의 몫이 되고 전적으로 평범한 지성의 지평 밖에 놓여 있게 된다. 형이상학은 후자〔사변적 지성〕의 인식 방식과 관련된다. 여기서는 전혀 어떤 판단도 내릴 수 없는 저 보증인을 증거로 끌어대는 것은 분명히 건전한 지성의 나쁜 표시다. 사람들이 곤경에 처해 있고 자신의 사변으로는 충고할 수도 없고 도울 수도 없는 것이 아니라면 사람들은 저 보증인을 멸시할 뿐이다.

보통의 인간 지성의 거짓 친구들이(이들은 이 보통의 지성을 A198 때로는 높이 찬양하지만, 보통은 경멸한다) 자주 쓰는 습관적인 핑계는, 결국 직접적으로 확실하고, 그것들에 대해 사람들이 아무런 증명도, 도대체가 아무런 변명도 할 필요가 없는 몇몇의 명제들이 있어야 하고, 그것이 없다면 사람들은 어떤 증명도 할 수 없을 뿐만 아니라 자신의 판단 근거들에 대해 끝맺음을 할 수 없다는 것이다. 그러나 이러한 권한의 증명을 위해서 그것들〔명제들〕은 (종합판단의 진리를 입증하는 것이 충분하지 않은 모순율을 제외하고) 수학적 명제들 외에 다른 어떤 의심할 여지가 없는 것 — 이 의심할 여지가 없는 것을 명제들이 일반적 지성에게 직접적으로 증거로 들 수가 있다 — 을 결코 증거로 들 수가 없다. 예를 들면 "2 곱하기 2는 4이다"라는 명제, "두 점 사이에 오직 하나의 직선이 있다" 등의 명제. 그러나 이 판단들은 형이상학의 판단들과는 관련성이 전혀 없는 판단들이다. 왜냐하면 수학에서 나는 내가 하나의 개념을 통해서 가능한 것으로 표상하는 모든 것을 나의 사유 자체를 통해서 만들(구성할) 수 있기 때문이다. 나는 하나의 2에 다른 2를 점차 추가해서 숫자 4를 만들고, 혹은 사유를 통해 하나의 점에서부터 다른 점으로 각종 선을 만들고, 모든 그것의 부분들에서 (동일하든 동일하지 않든 간에) 유일한 하나의 선을 그을 수 있다. 그러나 나는 나의 전 사유력 A199 을 통해 어떤 다른 사물에 대한 개념 — 그 개념의 현존은 필연적으로 다른 어떤 개념과 연결되어 있다 — 을 생산해낼 수 없고, 오직 경험에서 조언을 구해야 한다. 비록 나의 지성이 나에게 선험적으로 (그럼에도 불구하고 언제나 단지 가능한 경험과 관련해서) 하나의 그러한 (인과성의) 연결에 대한 개념을

제공한다 할지라도, 나는 그것〔인과성의 연결에 대한 개념〕
을 수학의 개념들처럼 직관 안에서 보여줄 수 없고 그것의 선 IV 371
험적 가능성을 명시할 수도 없다. 이러한 개념은 개념 적용의
원칙들과 함께 언제나, 만약 그 인과성의 결합 개념이 선험적
으로 타당해야 한다면, 마치 그것이 형이상학에서 요구되는
것처럼 정당화와 그러한 개념의 가능성의 연역을 필요로 한
다. 그렇지 않으면 사람들은 얼마만큼 그 개념이 타당한지,
그 개념이 단지 경험 안에서 혹은 경험 밖에서만 유효한지
를 알 수 없기 때문이다. 따라서 사람들은 순수이성의 사변
적 학문으로서 형이상학 안에서 결코 평범한 인간 지성을 증
인으로 불러낼 수 없다. 그러나 누군가가 확실하게 형이상학
자체를, 포기할 것을 강요받는다면, 언제나 지식이어야 하는
모든 사변적 인식을, 또한 형이상학 자체를, 그것의 가르침
을 (확실한 용무들에서) 단념할 것을 강요받는다면, 만약 가능
한 하나의 이성적인 신앙ein vernünftiger Glaube이 우리에게만
가능하다고 여겨지고, 또 우리의 욕구에만 충분하다고 (아마
도 지식 자체보다 훨씬 치료에 효력이 있는) 인정되면, 사태의 형
국은 완전히 변한다. 형이상학은 전체뿐만 아니라 그것의 모 A200
든 부분에 있어서도 학문이어야 한다. 그렇지 않으면 형이상
학은 아무것도 아니다. 왜냐하면 형이상학은 순수이성의 사
변으로서, 보편적인 통찰 말고는 어디에서도 지지대를 가질
수 없다. 개연성과 건전한 지성은 형이상학 밖에서 그것들의

유용하고 합법적인 사용권을 가질 수 있다. 물론 그것들의 중요성이 언제나 실천적인 것과의 관계에 예속되는 한에서만 그러하다.

이와 같은 것이 바로 내가 학문으로서 형이상학의 가능성을 위해서 요구하는 걸 정당하게 하는 것이다.

부록

실제로 형이상학을 학문으로 만들기 위해
행해질 수 있는 일들에 관하여

사람들이 지금까지 선택하고 걸어온 모든 길은 이러한 목 IV 371
적을 달성하지 못했고, 또한 먼저 순수이성 비판을 하지 않
고서는 그러한 목적이 결코 달성되지 못할 것이므로, 지금
눈앞에 놓인 시도를 정확하고 세심한 검토 아래에 두자는 요
구는, 형이상학에 대한 모든 권리를 단념하는 것이 상책이라 A201
고 간주하지 않는 한, 부당한 것이 아니다. 만약 형이상학에
대한 모든 권리를 포기할 경우라 해도 사람들이 자신의 의도
에 온전히 정직하게 머문다면 그것에 반대하는 어떤 이의도
제기될 수 없다. 만약 사람들이 사건들의 경과를 그것이 진 IV 372
행되어야만 하는 바가 아니라, 그것(사건들의 경과)이 실제
로 되어가는 바대로 생각할 때, 두 가지 방식의 판단이 있을
수 있다. 하나는 탐구 이전에 선행하는 판단으로서, 이것은 독

자가 자기의 형이상학의 입장에서 (먼저 형이상학의 가능성을 탐색해야 하는)《순수이성비판》에 대해 판정을 내리는 판단이다. 또 다른 하나는 탐구 이후에 뒤따라 나오는 판단이다. 이 판단에서 독자는 자신이 취한 형이상학과 강력하게 상충할 수 있는 비판적 탐구들로부터 도출된 추론들을 얼마 동안 제쳐둔 채, 먼저 저 추론들이 파생될 수 있는 근거들을 검사한다. 만약 통속적인 형이상학이 주장하는 게 부인할 수 없이 확실하게 결정되어 있는 것이라면(예를 들면 기하학처럼), 이러한 첫째 방식으로 판단하는 것은 타당하다. 왜냐하면 확실한 원칙들의 결과들이 부인할 수 없는 진리들과 충돌한다면 저 원칙들은 거짓이고, 그 이상 더 탐색하지 않더라도 포기되어야 할 것이기 때문이다. 만약 형이상학이 논쟁의 여지없이 확실한 (종합적) 명제로부터 예비하지 않고, 더군다나 상당히 많은 형이상학—이러한 상당수의 형이상학은 외관상 그것들 가운데 최상의 것으로 보이지만 그것들의 추론들 안 에서는 이론의 여지가 있다—이 어디에서도 본래 형이상학적인 (종합적) 명제들의 진리의 확실한 기준을 그것〔형이상학〕 안에서 전혀 마주칠 수 없는 상태라면, 앞서 나온 처음의 방식으로 판단하는 것은 행해질 수 없으며, 그보다는《순수이성비판》의 원칙들의 탐구가 그것들〔형이상학〕의 가치나 쓸모 없음에 대한 모든 판단 이전에 선행되어야 한다.

A292

탐구 이전에 선행하는
《순수이성비판》에 대한 판단의 견본

이러한 종류의 판단은 1782년 1월 19일 《괴팅겐 학보Gott-
ingische gelehrte Anzeige》(증보판 제3호), 40쪽 이하에서 발견
된다.

자기의 저작의 대상을 잘 알고, 일관되게 자신의 사색으로
써 그 저작의 대상에 대한 탐구에 전력을 다한 근면한 저자
가, 본래적으로 그 저작의 가치 유무의 기초가 되는 요소들
을 탐사해낼 만큼 그 나름으로 충분히 명민하고, 어휘에 얽
매이지 않고 사태들에 몰두하며, 순전히 그 저자가 전제하는
원칙들을 확실히 검토하는 한 비평가의 손에 들어가면, 비록
비평가의 엄정한 판단이 저자의 마음에 들지 않을지라도 청 IV 373
중은 거기에서 이익을 얻을 수 있기에 그래도 괜찮은 것이
다. 저자 자신도 전문가로부터 너무 빨리 검토된 자신의 논 A203
문들을 고치거나 해명하고, 그 전문가가 전적으로 옳다고 믿
는 경우에는, 그의 저작에 단점으로 작용할지 모를 문제 요
소들을 늦지 않게 제거할 기회를 얻는 것에 만족할 수 있다.

나는 나의 책인 《순수이성비판》의 비평가와 관련해서 전
혀 다른 상황에 처해 있다. 그〔비평가〕는 내가 (성공적이었든
혹은 성공적이지 못했든 간에) 몰두했던 탐구에 있어서 무엇이
문제인지를 전혀 통찰하지 못하는 듯하다. 그것은 하나의 광

대한 저서를 모든 관점에서 생각하는 인내심이 없는 탓이거나, 혹은 비평가가 이미 오래 전에 모든 것이 깨끗하게 결말지어졌다고 믿는 학문을 협박하는 개혁에 대한 요구에서 비롯된 불쾌한 기분 탓이거나, 혹은 내키지 않는 추측이지만 그〔비평가〕가 그의 강단 형이상학을 넘어서 결코 생각할 수 없는 참으로 협소한 이해력을 가진 탓이겠다. 간단히 요약하면, 비평가는 사람들이 그 전제를 모르고서는 아무것도 생각할 수 없는 일련의 명제들의 긴 행렬을 성급하게 통과하면서 간간히 자신의 비난을 퍼뜨린다. 이러한 비난으로부터 독자는 그 비평가가 그 명제들을 이해하지 못하는 것만큼 그 근거를 알지 못하고, 따라서 〔비평가는〕 정보를 통해서 대중을 유익하게 할 수도 없고, 전문가의 판단이라는 명분으로 나에게 최소한의 손상을 입힐 수 없다. 그런 까닭에 이 평가가 이《형이상학 서설》의 독자를 몇몇 경우의 오해로부터 지킬 수 있는 해명의 기회를 나에게 주지 않았다면, 나는 이러한 비평을 전적으로 무시해버렸을지도 모른다.

A204

그러나 이리하여 비평가는 어떤 특별한 탐구에 노력하지 않고서도 가장 쉽게 저자에게 불리한 방식으로 전체 저작을 눈앞에 보여 줄 수 있는 관점을 가지고서, 다음과 같은 말로서 시종일관하다. "이 저작은 초재적(혹은 그가 번역한 것처럼 '고차원적*') 관념론이다."

IV 374 이 한 줄만 봐도 나는 곧 어떤 종류의 비평이 나올지를 알았다. 그것은 마치 기하학에 대해서라면 아무것도 들어본 적도 본 적도 없는 누군가가 유클리드 기하학 책에 대한 판단을 A205 요청받았을 때 책을 넘기면서 많은 도형을 본 후에 예를 들어 다음과 같이 말하는 것과 유사하다. "이 책은 제도製圖에 대한 체계적인 안내서다. 저자는 결국 자연스런 눈대중을 통해서 성취할 수 있는 것 이외에 어떤 것도 더 이행할 수 없는 애매하고 이해하기 어려운 규정들을 주기 위해서 특별한 언어를 사용한다"라고 말이다.

내 전체 저서를 관통하고 있으나 결코 그 체계의 영혼을 이루고 있지는 않은 관념론이 도대체 어떤 종류의 관념론인지를 살펴보자.

엘레아 학파에서부터 버클리George Berkeley 주교까지의 모든

---

* 결코 고차원적 [관념론이] 아니다.2 높은 탑들과 그와 비슷한 형이상학적으로 위대한 사람들 — 이 두 가지 주변에는 보통 바람이 거세거니와 — 은 나를 위한 것이 아니다. 나의 자리는 경험의 비옥한 심연Bathos이다. 초월적transzendental이라는 단어의 뜻이 그렇게 다양하게 나에 의해 지칭된 의미를 비평가들은 단 한 번도 이해하지 못했다. (비평가들은 그렇게 피상적으로 모든 것을 바라보았다.) 모든 경험을 넘어서는 어떤 것을 의미하는 것이 아니라, 경험에 (선험적으로) 앞서지만 전적으로 경험인식을 가능하게 만드는 어떤 것 이상도 규정하지 않는다. 만약 이 개념들이 경험을 넘어선다면, 그 개념들의 사용은 초재적transzendent이라고 말해질 수 있고 이러한 초재적 사용은 내재적immanent, 즉 경험에 제한된 사용과 구별된다. 이러한 방식의 모든 오해에 대해서는 저작에서 충분히 대비하고 있다. 그러나 비평가는 잘못된 해석에서 자신의 유리한 점을 발견한다.

전형적인 관념론자의 명제가 바로 이러한 형식 안에 포함되어 있다. "감각과 경험을 통한 모든 인식은 순전한 가상 이외의 그 어떤 것도 아니며, 단지 순수한 지성과 이성 안에 있는 것만이 진리다."

이에 반해 나의 관념론을 철저하게 제어하고 규정하는 근본 명제는 "단지 순수지성과 순수이성에서 비롯되는 모든 인식은 순전한 가상 이외에 다른 어떤 것도 아니고, 오직 경험 안에 진리가 존재한다"이다.

A206 이것은 바로 전자의 본래적 관념론과 반대되는 것이다. 도대체 어떻게 내가 전혀 반대되는 의도를 위해 이 표현을 사용하게 되었고, 어떻게 그 비평가처럼 그것(전형적인 관념론)을 어디에서나 볼 수 있게 되었는가?

이러한 어려움의 해결은 사람들이 하고자만 했다면 아주 쉽게 저서의 맥락에서 볼 수 있었던 것에 의거한다. 공간과 시간은 그것들이 자체에 포함하는 모든 것과 함께, 사물 그 자체나 사물들의 속성에 속하는 것이 아니라 단지 그것들의 현상에 속한다. 거기까지 나는 모든 관념론자와 신조를 같이한다. 그러나 이들(모든 관념론자)은, 특히 그들 가운데 버클리는 공간을 한갓 경험적 표상으로 보았는데, 이러한 경험적 표상은 마치 공간 안의 현상들처럼 단지 경험이나 지각에 의해 모든 자신의 규정과 함께 알려지는 것이다. 그러나 그와 반대로 나는 우선 공간이 (그리고 시간도. 이러한 시간에 대해서

IV 375

버클리는 신경을 쓰지 않았다) 모든 그의 규정과 함께 우리에게 선험적으로 알려질 수 있다는 점을 지적한다. 그것〔공간〕은 시간과 마찬가지로 모든 지각 혹은 경험 이전에 우리에게 감성의 순수한 형식으로서 내재하고, 모든 감성의 직관을, 따 ^{A207}라서 모든 현상을 가능하게 만든다. 여기서 다음과 같은 결론이 나온다. 진리는 진리의 기준으로서 보편적이고 필연적인 법칙들에서 기인하기 때문에 버클리의 경우에 경험은 어떤 진리의 기준도 가질 수 없다. 왜냐하면 경험의 현상들의 근거에는 (버클리에 따르면) 어떤 것도 선험적으로 놓이지 않기 때문이다. 바로 이로부터 "그것〔경험〕은 순전한 가상 이외의 아무것도 아니다"라는 결론이 나왔던 것이다. 그와 반대로 우리에게 있어서 공간과 시간은 (순수지성 개념들과의 결합에서) 선험적으로 모든 가능한 경험에 그것〔경험〕의 법칙을 규정하고 동시에 이 경험의 법칙은 경험 안에서의 진리를 가상으로부터 구별해주는 확실한 표준을 제공한다.*

그러므로 나의 이른바 (본래는 비판적) 관념론은 전적으로

---

* 본래의 관념론은 언제나 광신적인 의도를 가지기 때문에 다른 어떤 의도도 가질 수 없다. 그러나 나의 관념론은 전적으로 대상에 대한 우리의 선험적 인식의 가능성을 이해하기 위한 것이다. 이러한 것은 지금까지 해결되지 못한, 단 한 번도 제기된 일조차 없는 문제다. 이로써 이제 전 광신적 관념론은 붕괴한다. 이러한 광신적 관념론은 언제나 (이미 플라톤에게서 알아챌 수 있는 것처럼) 우리의 선험적 인식에서 (기하학의 선험적 인식조차) 감성의 직관과는 다른 (다시 말해서 지적) 직관에서 추론된다. 왜냐하

고유한 방식이다. 다시 말해서 비판적 관념론은 관습적인 관념론을 와해시킨다. 비판적 관념론을 통해서 모든 선험적 인식은, 기하학의 인식조차도 최초로 객관적 실재성을 얻고, 이 객관적 실재성은 내가 증명한 공간과 시간 자체의 관념성 없이는 그 어떤 열성적인 사실주의자들에 의해서도 절대 주장될 수 없었을 것이다. 이런 상황 때문에 나는 모든 잘못된 이해를 방지하기 위해서, 내가 나의 개념을 달리 칭할 수 있기를 희망한다. 그러나 그 개념〔나의 개념〕을 완전히 변경하는 것은 좋은 처사가 아닐 것이다. 앞에서[3] 이미 언급한 것처럼, 그것〔나의 개념〕을 버클리의 독단적 관념론이나 데카르트의 회의적 관념론과 구별하기 위해서, 그것〔나의 개념〕을 후일에, 형식적 관념론, 더 좋게는 비판적 관념론으로 명명하는 것이 나에게 허용될 수 있기를 바란다.

그 밖에 나는 나의 책에 대한 비평에서 어떤 주의할 만한 것도 발견하지 못했다. 그 비평자는 대체적으로en gros 판단하는데, 이는 영리하게 선택된 방식이다. 왜냐하면 비평가들은 거기〔영리하게 선택된 방식〕에서 자기 고유의 앎과 무지를 감출 수 있기 때문이다. 유일하고 자세한en detail 판단만으로도, 만약 그것〔판단〕이 어느 정도로 주된 물음과 만났다

면 사람들은 감성도 또한 선험적으로 직관되어야 한다는 것을 전혀 생각하지 못했기 때문이다.

면, 혹시 나의 실수를 혹은 이러한 탐색의 방식에서 비평가 IV 376
의 통찰의 정도를 드러내 보여주었을 것이다.

단지 신문 기사를 통해 책에 대한 개념을 얻는 데 익숙
한 독자에게서 그 책 자체를 읽기 위한 흥미를 일찍이 **빼앗**
는 것, 많은 수의 명제들—이 명제들은 명제들의 증명 근거
들, 설명들과의 결합 밖에서 찢긴 채 (특히 그것들은 강단 형이
상학과 정반대의 관계에 있기에) 필연적으로 모순되게 여겨지
는—을 단숨에 늘어놓고 독자의 인내심을 구역질 날 때까지 A209
괴롭히는 것, 그러고 나서 사람들이 나를 '변치 않는 가상이
진리'라는 의미심장한 명제와 함께 알게 한 후에, 투박한 그
럼에도 불구하고 아버지다운 훈계로 끝내는바 "도대체 그 싸
움은 무엇을 위해서 일반적으로 가정된 언어에 반대하는가,
도대체 어디서부터 무엇을 위해서 이 관념적 구별이 생겨났
는가?"라고 묻는 것은 섣부르게 생각해낸 계책이 아니다. 나
의 책의 모든 특징을 형이상학적으로 이교적이라고 했다가
마침내 순전한 신조어로 규정하는 이런 판단은, 나의 불손한
심판자가 그것[내 책의 모든 특징]에 대해서 최소한의 것도
옳게 이해하지 못했다는 것을 분명하게 증명한다.*

비평가는 그러는 동안에 마치 스스로 중요하고 탁월한 통
찰을 틀림없이 의식하고 있으면서도 비밀로 간주하는 양 이
야기한다. 왜냐하면 형이상학과 관련해서 그러한 어조에 권
리를 줄 수 있는 어떤 것도 알지 못했기 때문이다. 그 점에서

그 비평가가 세계에 자신의 발견들을 숨긴다는 것은 매우 부당하다. 왜냐하면 오랜 시간 동안 이 분야에서 쓰인 모든 아름다운 저작에서 아직까지 그 학문을 손가락 하나 너비만큼이라도 더 넓혀준 것을 발견할 수 없다는 것은, 나뿐만 아니라 다른 많은 사람들에게도 의심할 여지가 없는 사실이기 때문이다. 그렇지 않다면 사람들은 정의를 날카롭게 하는 것, 불구가 된 증명에 새 목발을 주는 것, 여러 조각으로 기워진 형이상학의 천 조각에 새로운 천을 덧대거나, 변화된 재단법을 시도하는 것을 타당하다고 생각하지만, 그것이 세계가 요구하는 것은 아니다.* 형이상학적 주장들에 세상은 싫증이 나 있다. 사람들은 이러한 학문의 가능성의 원천들—이 원천들에서 이 학문에서의 확실성이 파생될 수 있다—을 탐구해서 알고자 했고, 순수이성의 변증법적 가상을 진리로부터

---

* 그 비평가는 대부분 자신의 고유한 그림자와 논쟁한다. 만약 내가 경험의 진리를 꿈에 반대하여 내놓는다면, 그는 여기서 그 유명한 볼프 철학의 "객관적으로 인정된 꿈"에 대한 것만이 문제가 된다는 점을 전혀 생각하지 못한다. 그것은 단지 형식적인 것이고 여기서는 잠자는 자와 깨어 있는 자의 차이에 관한 것을 염두에 두고 있는 게 아니며, 초월철학 안에서 생각되는 것도 아니다. 덧붙여 말하자면 그 비평가는 나의 범주들의 연역과 지성 원칙들의 목록을 "관념론적인 방식에서 표현된, 일반적으로 알려진 논리와 존재론의 원칙들"이라고 말한다. 독자는 이 점에 관해서 이《형이상학 서설》만을 살펴보아도, 이보다 더 궁색하고 사실적으로 옳지 않은 판단은 도저히 할 수 없다는 것을 확인할 수 있다.

구별하는 확실한 기준을 갖고자 했다. 비평가는 이를 위한 열쇠를 소지했음이 틀림없다. 그렇지 않다면 그가 그토록 소리 높여 말했을 리가 없을 것이기 때문이다.

그러나 나는 그 비평가에게 그러한 학문의 요구가 아마도 결코 떠오르지 않았을 것이라는 의심에 이르렀다. 그렇지 않다면 그 비평가가 그의 비평을 이 점에 치중했을 것이고, 저렇게 중요한 사안에서의 실패는 그것이 비록 시도에 불과했을지라도 그의 주목을 끌었을 것이다. 사실이 이렇다면, 우리는 다시 좋은 친구가 될 것이다. 그는 그가 좋다고 생각하는 것처럼, 매우 깊게 파고들어가 그의 형이상학을 사색해 A211 도 좋을 것이고 그에 대해서는 어느 누구도 그를 방해해서는 안 될 것이다. 단지 형이상학 밖에 놓여 있는 것에 대해서, 즉 이성 안에 존재하는 형이상학의 원천에 대해서라면 그는 판단할 수 없다. 그러나 나는 나의 의심이 근거가 없지 않음을, 그가 선험적 종합 인식의 가능성에 대해서 단 한마디도 언급하지 않는다는 것을 통해서 증명한다. 이것이야말로 형이상학의 운명이 전적으로 그 해결에 달려 있고, 나의《순수이성비판》이 (여기 나의《형이상학 서설》에서와 마찬가지로) 전적으로 그 해결에로 매달렸던, 본래적인 과제였다. 그가 맞부딪혔고, 또 그가 매여 머물렀던 관념론은 저런 과제를 해결할 유일한 수단으로서만 학문 체계Lehrbegriff⁴에 수용되었다. (물론 관념론은 다른 근거들에서도 확인받기는 했지만 말이다.) 거기서 그는 내가 그 과제에 부여하는 (지금 《형이상학 서설》에 서처럼) 중요성을, 그 과제가 갖지 않음을 입증하거나 그것 〔과제〕이 현상들에 대한 나의 개념을 통해서는 절대 해결하지 못한다거나 혹은 다른 방식으로 훨씬 잘 해결할 수 있음을 입증해야 했다. 그러나 그러한 것들에 대해서 나는 그 비평에서 어떤 언급도 발견하지 못했다. 오히려 내가 가정하고 싶거니와, 경솔함이 비평가로 하여금 저렇게 많은 어려움을 철저하게 연구하는 것에 대해서 화를 내게 하고 그의 앞에 A212 놓여 있는 저작에 호의적이지 않은 그늘을 드리움으로써 저작의 근본 특징을 깨닫지 못하게 한 것이 아닌 한에서는, 그 비평가는 따라서 나의 저술에 대해서 아무것도 이해하지 못했고, 또한 형이상학 자체의 정신과 본질에 대해서도 그 어떤 것도 이해한 바가 없다.

IV 378   비록 어떤 학보가 아무리 신중한 선택과 세심함으로 기고자를 잘 선정했다고 할지라도, 다른 분야에서 얻은 학보의 명성을 다른 영역에서와 마찬가지로 형이상학의 영역에서 주장할 수 있기에는 매우 많이 부족하다. 다른 학문들과 지식들은 그래도 각자의 척도를 갖는다. 수학은 그것의 척도를 자체 안에 가지며, 역사와 신학은 현세의 책들과 신성한 책들에서, 자연과학과 약제기술은 수학과 경험에서, 법률학은 법전들에서, 취미의 사안들은 조상들의 관례에서 그 척도를 갖는다. 형이상학이라고 일컬어지는 것을 판단하기 위해서라도 우선 척도가 발견되어야 한다. (나는 척도뿐만 아니라 척도의 사용도 규정하고자 했다). 만약 이러한 종류의 저술들에 대해서 판단이 되어야 한다면, 이 척도를 찾는 동안에는 어떻게 해야 하는가? 만약 그것들[저술들]이 독단적 방식이라면, 그런 것은 사람들이 하고 싶은 대로 취급해도 좋다. 이런 경우에는 누구도 남들 위에서 오랫동안 군림하는 대가 노릇을 하지 못할 것이며, 다시 그에게 응수하는 누군가가 나타나기 마련이다. 그러나 만약 저술들이 비판적 방식이라면, 게다가 다른 저술들을 위한 것이 아니라 이성 자신을 향한 것이라면, 평가의 척도는 채택될 수 있는 것이 아니라 비로소 찾아져야 하는 것이다. 항의와 비난은 비록 금지할 수 없다 해도, 그 기초에는 조화로움이 놓여 있어야 한다. 왜냐하면 욕구는 공동의 것이고, 필요한 통찰의 결핍은 재판관적으로-판결하는 권위를 허용할 수 없게 하기 때문이다.

동시에 나는 이러한 나의 변론을 철학 공동체의 이익으로 연결시키기 위해서, 모든 형이상학적 탐구가 그것들의 공동의 목적을 지향하여 수립해야 하는 방식에 대해서 매우 중요한 실험을 제안하는 바이다. 이것[실험]은 수학자들이 경쟁에서 자신들의 방법이 더 훌륭함을 입증하기 위해 행한 것과 다르지 않다. 구체적으로 말해서 [이 실험은] 자신[비평가]의 방식에 따라서 그로부터 주장되는 어떤 유일하고 참된 형이상학으로부터, 즉 종합적이고 선험적인 개념으로부터 알려진 〔명제〕를, 필요한 경우에는 없어서는 안 될 명제 중의 한 명제를, 예를 들면 실체의 지속성의 원칙을, 혹은 세계사건의 필연적인 규정의 원칙을 그것들〔세계사건〕의 원인을 통해서, 그러나 당연한 일이지만, 선험적 근거들을 통해서 증명해보라고 도전하는 것이다. 만약 그가 이것을 행할 수 없다면(침묵하는 것은 그런데 고백이다), 그는 다음과 같은 것을 인정해야 한다. 형이상학은 이러한 방식의 명제의 자명한 확실성 없이는 전적으로 아무것도 아니기 때문에, 형이상학의 가

IV 379; A214 능성 혹은 불가능성은 무엇보다도 먼저 순수이성의 비판 안에서 행해져야 한다. 따라서 그는 나의 《순수이성비판》의 원칙들이 옳다는 것을 인정할 의무, 혹은 그것들〔원칙들〕의 실효를 증명할 의무가 있다. 그러나 내가 이미 앞서서, 지금까지 그가 그렇게 무사태평하게 그의 원칙들의 확실성에 의지해왔다는 것을 알았기 때문에, 그럼에도 불구하고 그것이 엄격한 검토의 문제가 될 때, 형이상학의 전 범위에서 그가 원칙을 가지고 자신만만하게 발을 내디딜 수 있는 단 하나의 유일한 원칙도 발견하지 못했기 때문에, 나는 사람들이 경쟁에서 고대할 수 있는 가장 유익한 조건에 동의하고자 한다. 다시 말해서 그에게 입증 책임을 빼앗고 그것을 내가 떠맡으려 한다.

그는 이 《형이상학 서설》과 나의 《순수이성비판》, 426쪽에서 461쪽까지[5] 여덟 개의 명제들을 볼 것이다. 명제들은

쌍으로 이루어져 있으며, 그 각각의 명제들은 언제나 상충하나 필연적으로 형이상학에 속하며, 형이상학은 그 각각의 명제를 수용하거나 혹은 반박하지 않으면 안 된다. (하기야 그것들[명제들] 가운데 어느 하나도, 그의 시대에 어떤 철학자로부터도 수용되지 않은 것이 없다.) 이제 그는 이 여덟 개의 명제들 중에서 마음에 드는 것을 선택하고, 아무런 증명 없이―나는 이것을 그에게 선사하는 바―그것을 받아들이되, 하나만을 받아들이고―시간 낭비는 그에게나 나에게는 이로울 것이 없으니까―그러고 나서 대립 명제에 대한 나의 증명을 공격할 자유를 갖는다. 그럼에도 내가 이 대립 명제를 구제할 수 있고 그런 방식으로 모든 독단적 형이상학이 어쩔 수 없이 인 A215정할 수밖에 없는 원칙들에 따라서 그에 의해 선택된 명제의 대립 명제를 명확하게 증명할 수 있다는 것을 입증할 수 있다면, 형이상학 안의 유전적 결함은 누군가가 형이상학의 출생지인 순수이성 자체에까지 올라가지 않고는 해결될 수 없음이 확신되는 것이다. 이를 통해 나의《순수이성비판》이 승인되거나, 혹은 더 나은 어떤 것이 정립되어야 한다. 따라서《순수이성비판》은 적어도 연구되어야 한다. 그것이 내가 지금 요구할 수 있는 유일한 것이다. 그와 반대로 내가 나의 증명을 구할 수 없다면, 독단적 원칙들에서 나오는 선험적 종합 명제는 나의 경쟁자의 편에서 확립되는 것으로 일반적인 형이상학에 대한 나의 고발은 부당했으며, 나는 기꺼이 나의

《순수이성비판》에 대한 지적을 (결코 그런 결과는 없겠지만) 정당한 것으로 인정할 것이다. 내가 생각하기에, 이를 위해서는 비평가는 익명에서 빠져나올 필요가 있다. 왜냐하면 나는 하나의 과제도 아니고 여러 과제를 가지고서 이름도 대지 않고 정말로 주제넘게 구는 반대자들에 의해서 내가 명예롭게 IV 380 되거나 공격을 당하는 것이 어떻게 예방될 수 있는지를 예측하지 못하기 때문이다.

A216   《순수이성비판》을 판단하기 이전에
           《순수이성비판》을 탐구하라는 제안

나는 상당히 오랜 시간 학계가 침묵으로 나의《순수이성비판》에 경의를 표한 것에 대해서도 책임이 있다. 이러한 침묵은 판단의 유예를 증명하는 것이고, 모든 익숙한 길을 버리고 하나의 새로운 길을 따라서 나아가는 한 저작을 통해 하나의 중요한, 그러나 지금은 사멸해버린 인간 인식의 새로운 생명과 생식력을 얻을 수 있는 무엇인가가 놓여 있을 수 있다는 몇 가지 추측을 증명하는 것이다. 즉 침묵으로써 어떤 조급한 판단을 통해서 부드럽게 접붙어 있는 가지를 부러뜨리거나 파괴하지 않는 신중함을 얻을 수 있는 것이다. 이런 이유들로 인해 지체된 판단의 한 견본을 나는 지금《고타 학

178

보Gothaische gelehrte Zeitung》에서 보게 되었다. 이 판단의 철저함은 (미심쩍은 상찬은 고려하지 않는다면) 내 저작의 제일 원리들에 속하는 부분을 알기 쉽게 소개함으로써 모든 독자의 이해를 돕는다.

이제 나는, 거대한 건축물을 어림짐작으로 바로 전체를 판 A217 단하는 것이 불가능하기 때문에 그 건축물의 토대에서부터 낱낱이 검사할 것과, 하나의 대략적인 설계도로서 이《형이상학 서설》을 사용할 것을 제안한다. 이 대략적인 설계도와 그 저서〔《순수이성비판》〕자체는 그때그때에 따라 비교될 수 있다. 이러한 요구는 그것이 자신의 모든 생산물의 중요성을 주장하는 허영심에 기반한 것이라면, 자만으로써 불쾌감을 주었으니 거절되어 마땅하다. 그러나 바야흐로 전체 사변철학의 사안들은 완전히 사라질지도 모를 상황에 서 있다. 그럼에도 인간 이성은 전체 사변철학의 사태들에서 결코 사라질 수 없는 경향성으로 매달려 있다. 이러한 경향은 이성이 끊임없이 기만당했기 때문에 이성이 그에 무관심해 보려해도 허사가 되고 있다.

우리 시대에 있어서, 많은 공적 있는 사람들이 점점 더 계몽되어가는 이성의 관심사를 위해서, 만약 그러한 것을 통해서 목적에 도달하려는 몇몇 희망이 입증될 때, 더불어 일할 모든 좋은 기회를 이용해야 한다는 것을 예상하기는 어렵지 않다. 수학, 자연과학, 법률, 예술, 도덕까지도 아직 영혼을 IV 381

충분히 만족시키지 못하고 있다. 영혼 속에는 아직도 여전히 순수하고 사변적인 이성을 위해 현격하게 구별된 공간이 남아 있고, 그 공간의 공허空虛는 우리에게, 억지로 광대극과 시시덕거림으로 또는 열광 가운데서 겉으로는 분주함과 즐거움을 찾게 하는 것처럼 보이지만, 근본적으로는 이성의 힘든 호소를 은폐하기 위한 분주함과 즐거움을 추구하도록 강요하는 것이다. 그런 까닭에 순전히 자기 자신을 위해서 존재하는 이성의 이러한 범위를 다루는 고찰은, 정확하게 이 범위 안에서 모든 다른 인식과 그 목적들을 마주해야 하고 하나의 전체로 통일되어야 한다. 따라서 내가 근거를 가지고 추측하는 것처럼, 자신의 개념들을 가지고 확장하려고 시도하는 모든 사람을 위해서 이는 커다란 매력을 갖는다. 나는 여기에서 감히 다른 어떤 이론적 지식보다도 훨씬 더 큰 매력을 주장할 수 있다. 이러한 큰 매력을 누구도 그것에 반해서 쉽게 바꾸지 못한다.

그러나 나는 다음과 같은 이유로 탐색의 계획과 실마리를 위해서《순수이성비판》자체보다 이《형이상학 서설》을 제안하고자 한다. 나는 내용, 순서, 가르치는 방식, 명제를 주장하기 전에 모든 명제를 면밀하고 정확하게 숙고하고 시험한 것에 대해 지금 전적으로 만족하지만,(왜냐하면 전체에서뿐만 아니라 종종 단일한 명제에 대해서도 그 원천에 관해 완전히 만족하기 위해서 많은 세월을 할애했기 때문이다) 요소론의 몇몇 절에 대한 나의 논술, 예를 들면 지성개념들의 연역에 대한 논술이나 순수이성의 오류추리에 대한 진술에 완전히 만족하지 못했다. 이러한 절들의 논술의 광대함이 명확성을 방해했기 때문이다. 그것들을 대신해 누구든지 이러한 절들과 관련해서 여기《형이상학 서설》이 주장하는 것을 검토의 기초로 삼을 수 있을 것이다.

사람들은 독일인들이 인내와 지속적 성실함을 필요로 하는 사안에 대해서라면 다른 민족들보다 더 잘 수행한다는 점을 칭찬한다. 만약 이러한 의견이 근거 있는 것이라면, 그 성공적인 결과를 거의 의심할 바가 없으되, 생각하는 모든 사람들이 같이 참여하고 있으면서도 아직까지 성공을 거두지 못했던 일을 완성시켜서 저 유리한 의견을 증명할 기회가 지금 여기 나타나 있다. 특히 무엇보다도, 이에 관한 학문은 특수한 것이어서 그 학문을 단번에 전적인 완전함과 지속적인 IV 382 상태에 이르도록 할 수 있다. 왜냐하면 그 학문은 조금도 더 진보할 수 없고 이후의 발견을 통해 증가될 수도 변화될 수도 없기 때문이다. (나는 여기서 간간히 명백함을 증가시키는 장식이나 갖가지 관점에서 부가된 유용함을 고려하지 않는다.) 이것 A220 은 어떤 다른 학문도 가지고 있지도 않고 가질 수도 없는 장점이다. 왜냐하면 어떤 학문도 그처럼 완전히 고립되어, 다른 학문에 대해 독립적이며, 다른 학문들과 섞이지 않은 인식능력과 관계하지 않기 때문이다. 또한 지금 이 시점이 내

추측에 불리해 보이지 않는다. 지금 독일에서 이른바 실용적 학문들 이외에 도대체 어떤 학문에 종사할 수 있는지, 한갓 유희가 아니면서 동시에 그것을 통해서 항구적인 목적이 달성되어지는 사업이기도 한 바의 학문이 무엇이냐는 것은 알려져 있지 않기 때문이다.

어떻게 학자들의 노력이 그러한 목적을 위해서 하나가 될수 있는지, 이를 위한 수단을 강구하는 것을 나는 다른 사람들에게 넘길 수밖에 없다. 그러나 나는 누구에게라도 내 명제를 준수할 것을 요구한다거나 그런 희망을 통해 나를 기쁘게 하라고 하지도 않는다. 단지 공격, 반복, 제한 혹은 증명, 보충, 확장이 일어날 수 있게 해주기를 바랄 뿐이다. 만약 사안이 그 근본으로부터 탐색되면, 그 학설체계가 비록 나의 것이 아닐지라도 후손을 위한 유산이 됨으로써, 그것에 대해서 후손은 고마워해야 할 이유를 갖게 된다.

만약《순수이성비판》의 원칙들이 올바르기만 하다면, 어 A221 떤 종류의 형이상학이 기대될 수 있는지, 형이상학이 잘못된 깃털을 뽑혀 작고 가련한 몰골로 과소평가될 것 같아도 오히려 어떻게 다른 관점에서 풍부하고 적절하게 정립될 수 있는지를 여기서 입증하는 건 너무 번잡스럽다. 그러나 그러한 개혁이 가져올 다른 크나큰 유용들은 즉시 눈앞에 등장한다. 보통의 형이상학도 순수지성의 요소개념들을 찾아내서 이것들을 분해를 통해 명확하게 하고 설명을 통해서 규정적으로 만듦으로써 이미 유용함을 창출했다. 그렇게 해서 보통의 형이상학은 이성이 나중에 어느 방향으로 가든 이성을 위한 하나의 도야Kultur6가 된다. 그러나 그것이 보통의 형이상학이 행했던 좋은 일의 전부다. 왜냐하면 보통의 형이상학은 무모한 주장들을 통해 자만을, 교묘한 변명과 미화를 통한 궤변을, 학교에서 얻은 지식을 가지고 가장 어려운 과제 IV 383 를 피해가려는 경솔함으로 천박함을 조성함으로써 자신의 이러한 공로를 파괴한다. 이러한 형이상학이 한편으로는 학문의 용어에서, 다른 한편으로는 통속적인 용어에서 어떤 것을 받아들일 선택권을 더 많이 가질수록, 모두에게 전체가 되지만 사실은 아무것도 아닌 것이 되면 될수록 이 천박함은 더욱더 유혹적이 된다. 그에 반해 비판을 통한 우리의 판단에는 척도가 부여되고, 그러한 척도를 통해서 지식은 사이비 지식으로부터 확실하게 구별될 수 있고, 비판은 그것이 형이상학에서 완전히 수행됨으로써 사유방식을 근거 짓는다. 이 A222 사유방식을 통한 유익함은 이후 다른 모든 이성사용에 영향을 미쳐, 비로소 참된 철학 정신을 불어넣는다. 그러나 또한 비판이 신학에 행한 유용, 즉 비판이 신학을 독단적 사변의 판단으로부터 독립시키고 그렇게 함으로써 신학을 모든 적대자의 공격에 대항해서 확실히 안전하게 한 것은 사소하게 평가할 수는 없다. 왜냐하면 보통의 형이상학은 비록 그것이 신학에 원조를 약속했음에도 불구하고 이러한 약속을 이행할 수 없었고, 사변적 독단론의 보호와 도움으로 그 자신의 적을 다시 무장시키는 것 외에 어떤 다른 일도 행한 것이 없기 때문이다. 강단 형이상학의 뒤에 숨어 그것의 보호 아래 감히 이성을 가지고 날뛰어도 괜찮을 때가 아니라면, 계몽된 시대에는 광신이 출현할 수 없고, 비판적 철학에 의해 그 마지막 은신처에서 내쫓길 것이다. 형이상학 교사에게 중요한 것은, 결국 모든 것에 대해서 교사가 가르치는 것 역시 이제 또한 학문이고, 그것을 통해서 공동체에 실제적인 유익함이 실행될 수 있다는 것을 언젠가 보편적 동의를 가지고 말할 수 있다는 점이다.

인간 이성의 도야를 위한
형이상학

1. 칸트 비판철학의 실존적 성격

"인간의 이성은 어떤 종류의 자기인식에 있어서 특수한 운명을 갖는다. 인간의 이성은 이성의 자연본성 자체로부터 부과된 것이기에 피할 수도 없고 인간 이성의 모든 능력을 넘어서기에 대답할 수도 없는 문제들로 인해 괴로움을 당하는 것이다." 이 말은 칸트가 《순수이성비판》 서문에서 독자에게 처음으로 건네는 말이다. 그의 말대로라면 인간의 이성은 '이성의 자연본성 자체'로부터 부과되는 '대답할 수 없는 문제'들로 인해 괴로움을 당하고 있다. 이 '대답할 수 없는 문제'가 인간 이성을 혼돈과 당착에 빠뜨렸으며, 서양 형이상학의 역사를 전쟁의 역사로 만들었다. 우리가 인간이고, 인간의 이성이 이와 같은 '특수한 운명'을 가지고 있다면 이러한 이성의 운명은 우리 모두의 운명이 된다.

'이성의 자연본성 자체'가 가지고 있는 변증적 성격으로 인해 이성은 독단적 이성이나 회의적 이성 등으로 분열되어, 동일한 이성을 근원으로 하고 있음에도 근원의 동일성을 망각한 채 적대적 관계에 놓여 상호 투쟁하게 된다. 이성이 자기 자신과 적대자가 되어 자신과의 싸움을 시작할 때, 철학자의 이성은 더 이상 독단주의나 회의주의에 머물러 있지 못하고 안락함에서 나와 '숙고와 불안'(《형이상학 서설》, AA04: 340)으로 빠져든다.

칸트는 이처럼 동일한 이성의 분열로 발생한 독단주의, 회의주의 같은 적대자를 "우리 자신 안에서 찾아야 한다"라고 말한다. 이 말은 서양 형이상학에서 등장한 모든 주의나 주장은, 시대순 혹은 주제별로 잘 정리된 '서양 철학사'를 통해서 배울 수 있는 것이 아니라 인간 스스로가 자신의 이성 안에서 찾아야 한다는 말일 것이다. "철학은 배울 수 있는 것이 아니다. 다만 스스로 철학함만을 배울 수 있다"는 칸트의 말도 이러한 맥락에서 이해될 수 있다.

이쯤 되면 철학함의 실존적 성격이 단지 소크라테스, 키르케고르, 니체에게만 해당하는 개념이 아니라 칸트 철학 자체가 가지고 있는 고유한 성격이라는 것을 알 수 있다. 그럼에도 불구하고 왜 그의 철학은 칸트 당대나 지금이나 독자에게 무미건조하고 이해하기 어렵게만 다가오는 것일까? 칸트 당대의 멘델스존 같은 유명한 철학자들과 오늘날의 우리에게 그의 철학이 무미건조하게 다가오는 것은 그의 철학에 접근하는 방식이 예나 지금이나 잘못되었기 때문은 아닐까? 칸트가 자신의 비판철학을 이해하려는 독자에게 "모든 순수이성의 인식의 최초의 근저를 [나와] 함께 매우 깊게 탐구하지 않을 수 없음을 느끼게 될 것이다"(《형이상학 서설》, AA04: 341. Anmerkung 1)라고 말하고 있듯이, 그의 철학을 위해 일차적으로 필요한 건 숙고와 불안에서 오는 '느낌'일 것이다.

칸트는 《순수이성비판》을 대충 넘겨 읽으면서 이성능력의 모든 분절까지 철저하게 생각하고 구별하는 데 관심을 갖지도 않고, 책에 대한 이해를 신문 기사를 통해 얻고자 하는 독자들의 게으른 태도를 비판하며 그들이 자신의 철학을 결코 이해하지 못할 것이라고 말한다.

《형이상학 서설》의 서문에서 말하고 있는 것처럼 칸트는, 《순수이성비판》이 노정하는 '대중성', 책 읽기의 '즐거움', 책을 읽는 '편안함'의 결여가 이 책 자체에 대한 불평불만으로 이어지리라고는 전혀 예기치 않았으며 설령 그러한 불평불만이 있다 할지라도 이는 타당성이 없는 것이라고 생각했다.

인간 이성의 실존과 관계된 것을 논할 때 '정확성의 엄격한 규칙'을 대중성을 위해 포기하거나, '인기'를 논의의 고려 대상으로 삼아서는 안 된다. '대중성'은 시간이 지남에 따라 따라오는 부차적인 것일 뿐이다. 칸트가 《순수이성비판》의 대중화를 위해 《형이상학 서설》을 계획했다는 것을 마르쿠스 헤르츠Marcus Herz(Brief, AA10: 269)와 주고받은 편지를 통해 추측할 수 있으나 대중화 그 자체가 목적이 될 수는 없다.

2. 순수 사변 이성의 '설계도'로서의 《형이상학 서설》

칸트가 《형이상학 서설》을 통해서 시도한 것은 《순수이성비판》의 '방대함'에서 오는 '불명료함'의 제거다. 《순수이성비판》은 인간 이성을 체계적으로 정리한 '재산 목록'(《순수이성비판》, A XX)이다. 순수이성의 가장 작은 부분까지도 완전하게 준비하기 위해서 모든 분절을 찾는 과정은 이성의 통일성을 위해서 반드시 행해져야 할 일이지만, 독자가 전체의 개관에 이르는 것을 방해할 수 있기 때문에 그는 독자가 《형이상학 서설》을 통해서 《순수이성비판》에서의 "계획의 방대함에서 비롯되는 불명료함"을 제거하고 전체의 개관에 도달할 수 있도록 하고자 했다.

이러한 전체의 개관은 순수 사변 이성의 모든 분절이 생명이 있는 유기체의 기관들처럼, 한 부분이 다른 모든 부분을 위해서 있고 모든 부분은 각각의 한 부분을 위해서 있는 통일체로 구성되어 있음을 알려준다. 달리 말하면 초월적 감성론에서 다루는 감성의 형식인 시간과 공간, 초월적 분석론에서 다루는 범주, 초월적 변증론에서 다루는 이성의 엄격한 구별은 유기적 기관처럼 전체인 통일의 체계 안에서의 인간

이성능력들의 분절이며 구별이다.

순수 사변 이성은 인식 원리들과의 관계가 유기체처럼 그 안에서는 한 부분이 다른 모든 부분을 위해서, 또한 모든 부분은 각각의 한 부분을 위해서 있는 그런 완전히 별개의, 독자적으로 존립하는 통일체여서, 어떤 원리도 그것을 동시에 전체 순수이성 사용과의 일관된 연관 관계에서 탐구하지 않고서는 안전하게 어떤 한 연관 관계에서 채택할 수 없기 때문에 그러하다. 《순수이성비판》, B XXIII)

순수 사변 이성은 본래적인 사지四肢 구조einen wahren Glieder-bau를 갖고 있어서, 그 안에서는 모든 것이 기관으로, 곧 전체는 한 부분을 위해, 각 부분은 전체를 위해 있으므로, 아무리 작은 결함이라도—그것이 잘못(착오)이든 결함이든—사용될 때는 반드시 드러날 수밖에는 없는 것이니 말이다. 《순수이성비판》, B XXXVII)

전체는 내적으로 분절分節되어 있는 것이지 집적集積되어 있는 것이 아니다. 내적으로(외적 수용에 의해) 성장할 수 있으나, 외적으로(첨가에 의해) 성장할 수는 없는 동물의 신체처럼 말이다. 《순수이성비판》, A833, B861)

순수 사변 이성은 하나의 유기체적 구조를 이루는 건축물에 비유되고 있다. 칸트는 순수 사변의 유기적 구조를《형이상학 서설》에서도 강조한다.

순수이성은 이성 자체 안에서 그렇게 예외 없이 연결되어 있으면서도 분리된 영역이어서, 누구라도 여타의 모든 부분과 접촉하지 않고는 순수이성의 어떤 부분도 건드릴 수 없고, 사전에 자신의 위치와 다른 모든 부분에 틀림없이 영향을 끼치지 않고서는 어떤 것도 이행할 수 없다. 왜냐하면, 우리의 판단을 내부에서 고칠 수 있는 그 어떤 것도 순수이성의 영역 밖에 있을 수 없으며, 각 부분의 타당성과 사용은 각 부분이 이성 자체 안의 나머지 것들에 대해 갖는 관계에 의존해 있고, 마치 유기체의 사지의 구조처럼, 각 부분의 목적은 전체의 완벽한 개념으로부터만 파생될 수 있기 때문이다. 그런 까닭에 만약 비판이 전체적으로 순수이성의 최소한의 요소들에까지 성공적으로 완수되지 않는다면, 누군가는 그러한 비판을 결코 믿을 수 없다고 주장할 수 있을 것이고, 또 사람들은 이 능력들의 영역에 관하여 모든 것을 규정하고 결정해야 하거나, 그렇지 않으면 아무것도 규정하지도 결정하지도 못할 수밖에 없다는 것이다. (《형이상학 서설》, AA04: 263)

칸트는 통일체로서의 유기체의 모든 기관의 내적 관계를

인간 이성능력의 모든 요소에 비유했으며 이를 다시 건축물의 구조에 비유한다. 건축물을 어림짐작으로 판단하는 것은 불가능하기 때문에 그 건축물의 토대에서부터 낱낱이 검사하기 위해서는 설계도가 필요하다. 칸트는《형이상학 서설》을《순수이성비판》의 설계도로 사용할 것을 제안한다(《형이상학 서설》, AA04: 380~381).

3. 이성 비판을 통한 이성의 도야

칸트의 주저《순수이성비판》이나 이 책의 번역 텍스트인《형이상학 서설》셋째 부분의 주제인 '어떻게 형이상학 일반이 가능한가?'를 이해하기 위해 가장 우선시되어야 하는 것은, 과연 우리의 이성이 '대답할 수 없는 문제', 즉 형이상학적 문제들로 인해 괴로움을 당하고 있는가다. 단 한 번도 인간 이성의 자연본성 자체로부터 부과된 대답할 수 없는 문제들로 괴로움 당해보지 않은 사람이 과연 형이상학에 대한 질문을 던지는 것이 가능한가? 단 한 번도 자기 자신이 독단주의자, 회의주의자, 무정부주의자라는 자기반성을 해보지 않은 사람이 칸트 비판철학을 이해할 수 있겠는가? 형이상학적 문제들을 문제로 자각하지 못하는 사람이 '형이상학이 도대체 어떻게 가능한가'라는 물음을 던질 수 있겠는가?

누군가가 칸트 철학을 읽고 공부하려는 이유가 칸트 철학의 권위 때문이라거나, 칸트 철학이 서양 철학을 이해하는 데 있어 반드시 넘어야 할 산맥이라서, 또는 칸트 이후의 독일관념론자인 피히테, 셸링, 헤겔의 철학을 이해하기 위해서라고 한다면, 그 사람은 칸트 철학에의 초대를 받을 수 없을 것이다.

칸트 철학이 난해하게 느껴진다면 그것은 그의 책이 외국어인 독일어로 쓰였기 때문도, 난해한 개념 때문도 아니다. 그것은 다만 '대답할 수 없는 문제'가 나의 실존적 문제가 아니기 때문이며, 이성 스스로가 이성 자신에게 부과하는 문제를 감지하지 못한 채 이성이 이성 자신에게 언제나 낯선 타자로 남아 있기 때문일 것이다. 자신의 이성이 언제나 낯선 타자로 남아 있는 사람에게 칸트 철학은 무미건조하고 이해하기 어려운 것일 뿐이다.

'대답할 수 없는 문제'는 서양 철학이 오랫동안 묻고 답을 추구해온 형이상학의 문제이며, 이 문제의 탐구 과정이 바로 형이상학의 역사다. 이 역사가 이성 스스로가 인간에게 부과해온 문제들에 대한 질문과 답으로 쓰였다는 점에서, 과거 철학자들의 이론을 특정한 관점에서 시대별 혹은 주제별로 임의로 서술한 저자가 역사 서술의 주체가 될 수는 없다. 서양 철학사 혹은 형이상학의 역사 서술 주체는 버트런드 러셀이나 요한네스 힐쉬베르거 같은 사람들이 아니다. 본래적 의미에서 철학의 역사를 서술하는 주체는 이성 자신이 되어야 한다.

'대답할 수 없는 문제'는 칸트가 《순수이성비판》의 '초월적 변증론'에서 다루고 있는 세계의 시초, 영혼불멸, 신의 존재, 인간의 자유에 대한 문제이며, 이러한 '초월적 변증론'의 주된 내용은,《순수이성비판》과 동일하게 이 책의 번역 텍스트인 《형이상학 서설》의 셋째 부분 '어떻게 형이상학 일반이 가능한가?'에서 다루고 있는, '인간 영혼의 이념들', '우주론적 이념들', '신학적 이념들'에 상응한다.

칸트는 '대답할 수 없는 문제', 즉 형이상학적 문제들을 다음과 같이 정식화한다.

과연 세계가 시작을 가지며, 공간상에서 그것의 연장이 어떤 한계를 갖는가 ; 과연 어디엔가에, 어쩌면 나의 사고하는 자아에 분할될 수 없고 파멸될 수 없는 단일체가 있는가, 아니면 분할되고 소멸적인 것 말고는 아무것도 없는가 ; 과연 나는 나의 행위들에 있어서 자유로운가, 혹은 다른 존재자들과 마찬가지로 자연과 운명의 실에 이끌리는가? ; 마지막으로 과연 최상의 세계원인이 있는 것인가, 아니면 자연물들과 그것들의 질서는 우리가 우리의 모든 고찰에서 거기에서 멈추어 설 수밖에 없는 최후의 대상을 이루는 것인가? 《순수이성비판》, A VIII)

'대답할 수 없는 문제'에 대한 답을 찾고자 노력해온 형이상학의 역사에서 등장한 주의와 주장들은 정립과 반정립의 관계에서 상호 투쟁적 관계, 즉 이율배반적 관계를 형성했고 칸트는 이를 정립과 반정립으로 정식화했다. 이러한 이율배반은 이성의 본성 안에서 탐구된 것으로, 이성의 자기 인식의 여정에 필연적으로 거쳐야 할 이성의 자기 분열의 '과정'(《순수이성비판》, B779)이다.

〈표1〉 '대답할 수 없는 문제'에 대한 답변들의 이율배반(《형이상학 서설》, AA04: 339)

정립	반정립
1. 세계는 시간과 공간에 따라서 시작(경계)을 갖는다.	1. 세계는 시간과 공간에 따라서 무한하다.
2. 세계 내의 모든 것은 단순한 것으로 구성된다.	2. 어떤 단순한 것도 없고, 오히려 모든 것은 합성된 것이다.
3. 세계 안에는 자유에 의한 원인이 있다.	3. 자유는 존재하지 않고, 모든 것은 자연이다.
4. 세계원인들의 계열 안에는 어떤 필연적 존재가 있다.	4. 세계원인들의 계열 안에는 어떤 것도 필연적으로 존재하지 않으며, 오히려 이 계열 안에 있는 모든 것은 우연적이다.

칸트 철학을 처음 공부할 때 나 스스로에게 물었다. 칸트가 《순수이성비판》 서문에서 독자에게 한 말대로라면, 인간 이성은 자연본성 자체로부터 부과된 '대답할 수 없는 문제', 즉 '세계의 시초는 있는 것인가?', '신은 존재하는가?', '인간의 행위는 자유로울 수 있는가?' 등의 문제로 괴로움을 당해야

할 텐데 왜 '대답할 수 없는 문제'는 나 자신의 실존적 문제가
되지 못할까? 혹시 나의 이성은 탐貪·진瞋·치癡의 번뇌에 빠
져 감각적인 것에 만족하느라, 형이상학의 문제를 생각할 어
떤 이유도 갖지 못하는 것일까? 혹은 나의 이성은 제약된 것
에서 무제약적인 것으로 거슬러 올라가는 실천적 욕구가 없
는 것일까? 만약 그렇다면 나의 이성은 플라톤의《국가》제7
권 '동굴의 비유'에서 손과 발이 사슬에 묶여 태양의 빛 자체
를 보지 못하고 그림자만을 보는, 즉 편견, 소문, 관습, 경험,
일정한 가설에 기반을 둔 인식만을 가진 죄수의 정신을 가진
인간의 이성과 다를 바 없는 것은 아닐까?

　칸트는 '대답할 수 없는 문제'가 이성 자신의 실존적 문제
가 되지 못하는 것을 이성의 '안락사'(《순수이성비판》, B434)로 진
단한다. '대답할 수 없는 문제'가 '자연본성 자체'로부터 부과
되어야 함에도 불구하고 나의 실존적 문제가 되지 않는다면
내 이성의 자연본성이 죽은 것 아니겠는가!

　안락사한 이성에게 형이상학은 무관심한 대상일 뿐이다.
칸트는 형이상학에 대해 무관심한 상황을 다음과 같이 표현
한다.

　얼마 전까지만 해도 만물 중의 최고였고, 수많은 자식을 가진
　권력자였건만, 이제 내몰리고 쫓기어 의지할 곳조차 없구나.
　(《순수이성비판》, A IX)

'동굴의 비유'에서 동굴 밖 형이상학적 실체인 태양, 즉 '선의 이데아'를 보고 온 사람이 동굴 안에서 사적 욕망에 따라 사는 사람들에게 비웃음과 조롱의 대상이 되고 결국 죽음을 당했다면, 칸트 당대의 '모든 학문의 여왕'인 형이상학은 무관심의 대상이 되었다. 그러나 칸트는 형이상학에 무관심한 이러한 상황 속에서 희망을 본다. '대답할 수 없는 문제'들에 대해서 독단주의, 경험주의, 회의주의자들의 사이비 지식에 인간 이성을 내맡기지 않으려는 '성숙한 판단력'은 이러한 무관심 속에서 가능하다고 보았다.

모든 허위의 기술, 모든 허황된 지혜는 오래 지속될 수 없다. 왜냐하면 결국 그것[모든 허위의 기술, 모든 허황된 지혜] 스스로 자신을 파괴하고, 그것[모든 허위의 기술, 허황된 지혜]의 최상의 번성은 동시에 그것[모든 허위의 기술, 허황된 지혜]의 몰락의 시점이기 때문이다. 형이상학과 관련해서 이 시간이 지금 도래했다는 것을 그 상황이 증명해준다. 이러한 상황에서 형이상학은 그 밖에 학문들이 여러 방식으로 검토된 모든 열의에도 불구하고, 학식 있는 시민들 아래에서 쇠퇴한다. 대학의 오래된 연구 제도는 아직 형이상학의 잔영을 보존하고 있고, 학문들의 유일한 학술원은 때때로 포상을 통해 형이상학 안에서 이런저런 시도를 하도록 사람들을 움직이지만, 형이상학은 더 이상 근본적인 학문으로 생각되지 않는다.

가령 사람들이 위대한 형이상학자라고 부르고자 하는 어떤 기지 있는 사람이 이러한 선의의, 그러나 어느 누구도 부러워하지 않는 찬사를 어떻게 받아들일 것인지는 스스로 판단해 보는 것이 좋다.

비록 모든 독단적인 형이상학이 쇠퇴하는 시간이 의심할 여지 없이 도래했다고 할지라도, 근본적이고 완성된 이성 비판을 매개로 독단적 형이상학의 쇠퇴에 반대해서 형이상학의 부활의 시간이 이미 도래했다는 것을 말할 수 있기 위해서는 몇 가지 부족한 점이 있다. 하나의 경향이 그것과 반대되는 경향으로 넘어가는 모든 이행은 무관심 상태로부터 일어나는데, 이러한 시기는 한 저자에게 있어서 가장 위험한 것이지만, 그러나 내가 생각하는 것처럼, 학문에 있어서는 가장 바람직한 시기다. 왜냐하면 만약 이전 결합들과의 완전한 단절 뒤에 편협한 정신이 사라지고 나면, 그 마음들은 다른 계획에 의한 동맹을 위한 제안들을 경청하는 최상의 상태에 있게 되기 때문이다. 《형이상학 서설》, AA04: 366)

칸트는 교조주의적 독단주의와 경험주의, 회의주의를 거쳐 형이상학적 문제들에 더 이상 관심을 갖지 않게 된 인간 이성이 '성숙한 판단력'의 도움으로 이성능력 자체를 비판해야 한다는 자각에 이르게 될 것으로 기대했다. 이러한 자각에 이른 이성이 비로소 던질 수 있는 물음이 바로 '형이상학이 도대체 가능한가?'이다. 따라서 이 질문은 모든 인간이 아 닌 '성숙한 판단력'을 갖춘 인간만이 던질 수 있는 질문이다.

칸트는 《형이상학 서설》 서문에서 지금까지 형이상학적 문제들을 해결하기 위한 어떤 확실한 측정 단위나 분동分銅도 존재하지 않았기 때문에 형이상학적 문제들에 대한 모든 작 업은 일시적으로 정지되어야 하며, 형이상학이 도대체 가능 한 것인지 아닌지를 묻는 것이 필연적임을 확신시키는 게 자 신의 목적이라고 밝힌다(《형이상학 서설》, AA04: 255~264). 이 말은 형이상학의 가능성 여부를 묻기 이전에 우리는 이 문제에 대 해 기존의 형이상학이 제시한 답들로부터 자유로워야 한다 는 것이다.

플라톤이 '동굴의 비유'에서 인간이 이성을 통해 존재와 인식의 근거인 이데아를 직관할 수 있다고 주장한 반면, 칸 트는 인간 이성이 이데아와 같은 형이상학적 대상을 인식할 수 있는지를 먼저 문제 삼는다는 점에서 두 철학자가 인간 이성의 인식능력을 논하는 방식에는 차이가 있다. 그러나 칸 트가 '대답할 수 없는 문제'에 대한 기존 형이상학자들의 답 으로부터 우선 자유로워야 한다고 말한 것은, 마치 '동굴의 비유'에서 죄수 한 사람이 자신을 묶고 있던 속박과 무지로 부터 벗어나는 수행의 과정과 동일한 맥락에서 비교될 수 있 다. 플라톤의 '동굴의 비유'에서는 진리에 대한 사랑인 에로 스를 통해 동굴 안 죄수는 '태양의 빛'에 도달하고자 했다면,

칸트가 행한 순수이성 비판은 이성 자신이 능동적으로 자신의 이성을 법정에 세운다.

이 시대는 또한 이성에 대해, 이성이 하는 업무들 중에서도 가장 어려운 것인 자기인식의 일에 새로이 착수하고, 하나의 법정을 설치하여, 정당한 주장을 펴는 이성은 보고하고, 반면에 근거 없는 모든 월권에 대해서는 강권적 명령에 의해서가 아니라 이성의 영구불변적인 법칙에 의거해 거절할 수 있을 것을 요구한다. 이 법정이 다름 아닌 순수이성 비판 바로 그 것이다. (《순수이성비판》, A XII)

인간의 이성은 법정에서 소송을 제기한 원고이면서, 소송을 당한 피고다. 동시에 원고와 피고 사이의 문제를 재판에 의해서 판단하는 판사의 역할을 하게 된다. 순수이성 비판은 이성 밖의 어떤 초재적 존재로부터 시작되는 것이 아니라 자신의 원리로부터 수행된다.

순수이성 비판이란 책들과 체계에 대한 비판을 뜻하는 것이 아니라, 이성능력 일반을, 이성이 모든 경험으로부터 독립해서 추구함직한 모든 인식과 관련해서 비판함을 뜻한다. 그러니까 그것은 도대체 형이상학이라는 것이 가능한지 불가능한지를 결정하고, 형이상학의 원천과 범위, 한계를 규정하되,

그것들을 모두 원리로부터 수행함을 뜻한다. (《순수이성비판》, A XII)

철학의 대상이 인간 이성 밖의 대상이 아니라 '인간 이성 능력 일반'으로 바뀌게 되는 것이, 바로 칸트 철학이 서양 철학사에서 코페르니쿠스적 전회로 평가받는 이유다.

칸트는 《순수이성비판》의 '초월적 변증론'과 《형이상학 서설》의 셋째 부분 '어떻게 형이상학 일반이 가능한가?'에서 서양 철학사에 등장한 형이상학 전체와 대결한다. 그는 '초월적 방법론'에서 '이성의 역사'를 지성주의와 경험주의로 구분하며, 서양 철학의 역사를 지성주의자(플라톤), 감각주의자(에피쿠로스)와 경험주의자(아리스토텔레스, 로크, 흄) 혹은 회의주의자들 간의 전쟁의 역사로 규정한다. 칸트는 《순수이성비판》에서 이들 각자의 주장을 법정에 세우고 소송 기록을 상세하게 작성한 후 인간 이성의 역사를 아카이브(기록보관소)에 보관하여 비슷한 방식의 오류를 다시 범하지 않도록 하는 것을 목표로 삼으며, 그것을 달성하기 위해 '유물론, 숙명론, 자유사상적 무신앙, 광신과 미신, 관념론과 회의론의 뿌리'를 제거하는 일이 선행되어야 함을 강조한다.

순수이성 비판의 목적은 서양 철학사에서 나타난 모든 주의 주장 간의 전쟁을 법정에 세우고 소송 기록을 상세하게 작성한 후 인간 이성의 역사를 아카이브에 보관하여, 인류가 미래에 비슷한 방식의 오류를 다시 범하지 않도록 하는 것이다. (《순수이성비판》, B872)

순수이성 비판을 통해서 유물론, 숙명론, 무신론, 자유사상적 무신앙, 광신과 미신, 마지막으로 학파들에게는 위험하지만 대중들에게는 거의 전이되지는 않는 관념론과 회의론의 뿌리를 자를 수 있다. (《순수이성비판》, B XXXV)

전쟁의 역사로 규정된 형이상학의 역사를 아카이브에 보관하여 비슷한 방식의 오류를 다시 범하지 않도록 하는 것이 순수이성 비판의 목적이라면, 칸트가 자신의 고유한 철학에서 사용하는 개념들은 기존의 이성주의, 합리주의, 관념론으로부터 차용된 것일 수 없다. 따라서 그의 철학을 이성주의와 경험주의의 종합이라고 할 때, 종합의 의미는 절충적 의미의 종합이 아닌 전혀 새로운 지평에서의 종합이어야 한다.

형이상학의 역사에서 등장한 모든 주의 주장의 핵심 요소들은 칸트 철학의 체계 안에서 비판적으로 검토되며 칸트 철학의 체계 안에서 새롭게 이해되어야 함에도 불구하고, "사람들은 이미 오래되어 닳아빠진 인식을 이전의 결합들에서 골라내어 제멋대로 재단한 옷을 입혀놓고, 그것에 새로운 제목을 붙여서 새롭게 꿰인 것으로 보는 데 익숙해져 있다"(《형이상학 서설》, AA04: 255~264).

그렇다면 이성은 무엇을 위해서 자기 자신을 분열시켜가면서 이러한 전쟁의 상태에 빠지는 것일까? 왜 인간 이성은 계속해서 편안하게 독단주의자로 남지 못하고 자기 자신을 때로는 회의주의자로, 때로는 경험주의자로, 혹은 다시 독단주의자로 방황하게 하는가?

인간 이성 자신의 이러한 분열은 인간 이성이 자기 자신에게 가장 폭력적으로 취하는 사유 방식이며, 형이상학의 역사가 전쟁의 역사가 되는 이유다. 왜 칸트는 극복되어야 할 회의주의가 잘 성장할 수 있도록 '영양'을 주고 손에 '무기'도 주어서, 안락한 상태에 머물 수 있는 이성을 불안과 전쟁의 상태로 몰아넣는가? 왜 이성은 이성 스스로에게 그렇게 폭력적인가? 이러한 질문에 칸트는 정원의 예를 들어 이성의 '영원한 평화'를 건설하기 위한 것으로 답하고 있다.

우리는 여기서 적대자를 항상 우리 자신 안에서 찾아야 한다. 왜냐하면, 초월적으로 사용되는 사변 이성은 그 자체로 변증적이기 때문이다. 두려워할 만한 반박들은 우리 자신 안에 놓여 있다. 우리는 오래되었지만 결코 시효가 소멸하지 않은 주장들을 찾아내어 그것들을 절멸시키고 그 위에 영원한 평화를 건설해야 한다. 외면적인 평온은 단지 겉보기일 뿐이다. 인간 이성의 자연본성에 놓여 있는, 불복의 싹은 근절되어야만

한다. 그러나 우리가 만약 이 싹에다 자유를 주고 채소가 돋아나도록 영양분까지 주어 그것이 모습을 드러내도록 한 다음, 그것을 뿌리째 뽑아버리지 않는다면, 우리는 그것을 어떻게 근절시킬 수 있겠는가? 그러니 여러분 스스로 미처 적대자가 착상하지 못한 반박들을 생각해내고, 적대자에게 무기까지도 빌려주고, 그가 단지 소망하기만 할 뿐인 유리한 위치도 양도해주어라. 이 경우 두려워할 것은 아무것도 없다. 오히려 능히 기대할 수 있는 것은 여러분이 모든 미래에 걸쳐 결코 더 이상 불복당할 것이 없는 소유를 얻게 될 것이라는 점이다. (《순수이성비판》, B434)

인간 이성이 회의주의와 독단주의가 되어 잘 성장할 수 있도록 스스로에게 물과 영양을 주는 것은, 잘못된 이성의 자기 이해를 완전히 근절시키기 위해서다. 독단주의나 회의주의는 마치 땅속의 씨앗처럼 눈으로 볼 수 있는 것이 아니기 때문에, 물과 영양을 주어 그 모습을 드러내게 하여 근절시킬 수 있다.

우리 자신의 이성의 본성에 내재된 변증적 성격으로 인해 서양 철학사에서 등장한 수많은 이율배반적인 주의와 주장에 '자유'와 '영양분'을, '적대자'에게는 '무기'뿐만 아니라 '유리한 위치'까지도 양도해 주어 이성의 독단적이거나 회의적인 주장을 근절시켜 이성의 '영원한 평화'를 건설하고자 한 칸트의 철학함의 태도는 자신의 주장의 병통을 드러냄으로써 약을 구하려는 조선의 선비 퇴계 이황의 발병구약發病求藥의 태도를 떠올리게 한다. 편견, 관습, 선입견뿐만 아니라 시대정신과 주류 학계의 주의와 주장으로부터 비판적 거리 두기를 할 수 있다는 건 인간 마음의 능동성, 절대성, 초월성을 통찰한 동양의 수양의 경지와 비교될 수 있는 부분이다. 그래서 한자경은 《칸트 철학으로의 초대》에서 칸트의 철학의 '비움의 철학'[1]이라고 규정한다. 그는 칸트가 "텅 빈 마음에서, 아무 내용도 없이 텅 빈 마음에서, 거기서 무엇을 본다."라는 것을 통찰하고 있다. 그가 말하는 무엇이 바로 《순수이성 비판》의 '인식의 형식', 《실천이성 비판》의 '의지규정의 형식', 《판단력 비판》의 '미감의 형식'이며 그것은 "마음을 채우는 의식의 내용을 모두 비웠을 때 비로소 발견되는 마음 자체의 광체", "그 마음의 광체가 하나의 빛", "그 마음의 형식의 하나의 보편적 형식이라는 것", '경건한 기도'라는 것이다. 인간의 본질이 텅 빈 마음이라는 칸트와 한자경의 통찰은 김금희 작가의 장편소설 《경애의 마음》 마지막 장 '언니는 죄가 없다'에서 경애의 꿈속에 찾아온 '텅 비어 있는 얼굴'[2]과 다르지 않을 것이다. 육안으로는 볼 수 없지만 '그 텅 비어 있는 얼굴'을 우리 모두는 "하나도 이상하게 여기지 않고" '자기 자신'이라는 '순간의 느낌'을 기억하고 있다.

칸트 순수이성 비판의 궁극적 목적은 전쟁 상태에 놓인 이성의 '영원한 평화'이며, 그 목적에 이르는 필연적 과정이 인간 이성의 계몽이자 도야가 된다.

보통의 형이상학도 순수지성의 요소개념들을 찾아내서 이것들을 분해를 통해 명확하게 하고 설명을 통해서 규정적으로 만듦으로써 이미 유용함을 창출했다. 그렇게 해서 보통의 형이상학은 이성이 나중에 어느 방향으로 가든 이성을 위한 하나의 도야가 된다. 그러나 그것이 보통의 형이상학이 행했던 좋은 일의 전부다. 왜냐하면 보통의 형이상학은 무모한 주장들을 통해 자만을, 교묘한 변명과 미화를 통한 궤변을, 학교에서 얻은 지식을 가지고 가장 어려운 과제를 피해가려는 경솔함으로 천박함을 조성함으로써 자신의 이러한 공로를 파괴한다. … 그에 반해 비판을 통한 우리의 판단에는 척도가 부여되고, 그러한 척도를 통해서 지식은 사이비 지식으로부터 확실하게 구별될 수 있고, 비판은 그것이 형이상학에서 완전히 수행됨으로써 사유방식을 근거 짓는다. (《형이상학 서설》, AA 04: 382/A 221)

칸트에 따르면 도야는 전통 형이상학이 행한 좋은 일의 전부다. 그러나 서양의 형이상학은 '무모한 주장을 통한 자만', '학교에서 얻은 지식을 가지고 가장 어려운 과제를 피해 가려는 경솔함'이라는 '천박함'으로 이러한 공로를 파괴하였다. 칸트는《순수이성비판》을 통해 인간 이성의 판단에 '척도'를 부여하여 형이상학의 원천, 범위 그리고 한계를 원리로부터 근거지음으로써 도야라는 형이상학의 전통을 비판적으로 계승하고자 한다.

칸트는《형이상학 서설》에서 형이상학을 통해 인간 이성을 도야할 수 있으며, 도야된 인간 이성은 인류 공동체에 유해한 유물론, 숙명론, 무신론, 자유사상적 무신앙, 광신과 미신으로부터 인류를 보호해줄 수 있을 것으로 전망한다(《형이상학 서설》, AA 04: 363). 칸트는 동일한 내용을《순수이성비판》2판 서문에서도 다음과 같이 말하고 있다.

> 이제 이 이성 비판을 통해서만 전적으로 유해할 수 있는 유물론, 숙명론, 무신론, 자유사상적 무신앙, 광신과 미신, 마지막으로 학파들에게는 위험하지만 대중들에게는 거의 전이되지는 않는 관념론과 회의론의 뿌리를 자를 수 있다. (《순수이성비판》, B XXXIV)

우리 사회 어딘가 아직도 유물론을 비롯한 이러한 유해한 것들의 지배를 받고 있는 곳이 있다면 우리는 여전히 이성 비판을 통해 인간 이성을 도야해야 하며, 이것이 곧 칸트 형이상학이 우리에게 여전히 필요한 이유일 것이다.

4. 인간 이성의 사변적·실천적 사용을 위한 형이상학

칸트는 《순수이성비판》의 '초월적 변증론'과 《형이상학 서설》의 초월적 주요 물음 중 셋째 부분인 '어떻게 형이상학 일반이 가능한가?'에서, 인간의 영혼, 우주론적 이념, 신학적 이념을 어떤 경험 안에서도 주어질 수 없는 이성개념들로 구분한다.

서양 형이상학의 이러한 초재적 이념들은 인간 이성을 혼돈과 당착, 전쟁의 역사로 내몰았으며, 심지어 인간 영혼을 파괴했다.

영혼 속에는 아직도 여전히 순수하고 사변적인 이성을 위해 현격하게 구별된 공간이 남아 있고, 그 공간의 공허空虛는 우리에게, 억지로 광대극과 시시덕거림으로 또는 열광 가운데서 겉으로는 분주함과 즐거움을 찾게 하는 것처럼 보이지만, 근본적으로는 이성의 힘든 호소를 은폐하기 위한 분주함과 즐거움을 추구하도록 강요하는 것이다. (《형이상학 서설》, AA 04: 381)

인간의 영혼은 무엇으로도 채워지지 않는 '공간의 공허'가 있어서 인간에게 공허한 느낌을 불러일으킨다. 다시 말해서 칸트 비판철학의 통찰처럼, 인간의 인식능력인 지성과 감성을 가지고는 인식의 대상이 될 수 없는 초재적 이념으로서의 인간 영혼은 공간의 공허로 인해 어떤 이론적 개념으로도 규정될 수 없지만, 공허한 '느낌'이라는 감정을 통해서 자신의 존재를 알리고 있다. 칸트가 '통각'으로서의 '나das Ich'를 개념이 아닌 '현존재의 느낌'(《형이상학 서설》, AA 04: 333~334)으로 설명하고 있는 것도 이와 동일한 맥락에서 이해될 수 있다.

문제는 바로 '공간의 공허'가 무엇으로도 채워질 수 없다는 공허감을 잊기 위해, 인간 영혼이 자기 자신에게 '광대극', '시시덕거리는 작업', '열광', '분주함', '즐거움'을 추구하도록 강요한다는 것이다. 결국 이러한 강요는 인간 영혼 자체를 파괴한다.

인간 영혼의 '공간의 공허'가 공허감을 낳고 이 공허감이 결핍과 욕구로 나타나 인간 영혼은 끊임없이 다른 걸 필요로 하며 자신을 채울 것을 찾아 헤매게 된다. 하지만 결국 우리가 확인하는 건 인간 영혼의 '공간의 공허'가 무엇으로도 채워지지 않는다는 것이다.

이렇게 보면 경험적인 것 너머의 형이상학적 대상들이 물질과 욕망으로는 충족되지 않는 것을 대신해줄 수 있다는 기대와는 달리, 형이상학 자체가 결핍에서 오는 욕구나 욕망의 원인이라고 말할 수 있지 않을까? 다시 말해서 욕망에 따라 사는 죄수의 정신을 가진 인간에게 치료제를 제공해줄 것이라 기대했던 형이상학이 오히려 병의 원인이 되는 것 아닐까? 이것이 바로 칸트 비판철학 이전의 전통 형이상학이 세계의 근원으로서의 제일 원인을 선의 이데아, 순수 형상과 순수 질료, 일자—者, 신神 등과 같은 인간 밖의 초재적 존재를 설정해 놓고 그것으로부터 인간 스스로를 소외시켜온 서양 형이상학의 병폐라고 할 수 있을 것이다. 그러나 누군가가 '학문적인 비판'과 '이성의 훈육'을 통해서 인간 영혼의 텅 빈 공허가 바로 '숭고한 인간 영혼의 본성'이라는 통찰에 이를 때, 인간 영혼은 공허감에서 오는 슬픔에서 벗어나 숭고의 느낌을 가질 수 있다.

'학문적인 비판'(《형이상학 서설》, AA 04: 362)과 '이성의 훈육'을 통해서 획득한 인간 영혼의 텅 빈 공허에 대한 통찰은, 인간에게 시공간의 제약이나 물질로부터의 제약을 초월할 수 있는 자유를 준다.

이성의 훈육으로 획득된 형이상학적 이념들은 더 이상 인간 이성을 혼돈과 당착에 빠지게 한 초재적 이념이 아니다. 그래서 칸트는 이 이념들을 더 이상 초재적 이념이 아닌 초월적 이념이라고 일컫고, 이념의 실천적 성격을 자유 개념을 통해 강조한다.

만약 사람들이 저런 지성존재의 현상으로의 영향을 모순 없이 생각할 수 있다면, 비록 감성계 안에서의 원인과 결과의 모든 결합에 자연필연성이 붙어 있게 된다 하더라도, 그러한 것[감성계 안에서 원인과 결과의 결합에 자연필연성이 붙어 있다는 것]과 반대로 스스로는 현상이 아닌(비록 현상들의 근저에 놓여 있다고 할지라도) 동일한 원인[감성계 안에서 원인과 결과의 결합에서 나타난 원인]에 자유의 권리가 귀속된다. 따라서 자연과 자유는 동일한 사물에게, 하지만 다른 종류의 관계 안에서, 한 번은 현상으로서, 다른 한 번은 사물 자체로서 모순 없이 조화될 수 있다. 《형이상학 서설》, AA 04: 343~347)

첫째 초월적 이념인 '인간 영혼의 이념'은 초월이라는 단어가 갖는 의미대로 "모든 경험개념을 넘어서는 숭고한 인간 본성"을 통찰한다는 점에서 실천적 유용성을 갖는다.

여기서 나는 인간 영혼의 이념—나는 그것[인간 영혼의 이념]을 통해서 순수한 그리고 모든 경험개념을 넘어서는 숭고한 인간 영혼의 본성에 대해서 통찰할 수 없을 수도 있을 것이다—이 적어도 후자들[경험개념들]의 불충분함을 충분히 드러냄으로써 나를 어떤 자연의 설명을 위해서도 쓸모없고, 실천적 의도에서 이성을 협소하게 하는 인간 영혼의 심리적 개념으로서의 유물론으로부터 떼어놓는다는 것을 알게 됐다. 《형이상학 서설》, AA 04: 363)

형이상학의 두 번째 초월적 이념인 '우주론적 이념'도 자연이 스스로 충분하다는 '자연주의'로부터 인간을 보호해 준다.

그와 함께 우주론적 이념들은 이성의 정당한 물음 안에서 이성을 만족시키는 모든 가능한 자연인식의 명백한 불충분함을 통해서 자연은 자연 자체만으로 충분하다고 주장하는 자연주의로부터 우리를 보호하는 데 유익하다.(《형이상학 서설》, AA 04: 363)

마지막으로 종교적 광신의 원인이 되기도 했던 '신학적 이념'은 '최상의 지성적 존재의 개념'을 통해서 '눈먼 자연필연성', 즉 '숙명론'으로부터 인간을 자유롭게 할 수 있다.

이성은 신학적인 이념을 매개로 자신을 숙명론으로부터, 즉 제일 원리erstes Prinzip 없는 자연 자체의 연결 안에서의 눈먼 자연필연성에서, 또한 이러한 원리 자체의 인과성 안에서 눈먼 자연필연성에서 벗어나와 자유에 의한 원인의 개념, 즉 최상의 예지자의 개념으로 인도한다. (《형이상학 서설》, AA 04: 363~365)

이로써 '어떻게 형이상학이 도대체 가능한가?'라는 물음은 '학문적 비판'과 '이성의 훈육'을 통해서 얻게 되는 '실천적 유용성'으로 인해 그 가능성이 증명된다.

인간 영혼의 이념, 우주론적 이념, 신학적 이념, 즉 이러한 "초월적 이념들은… 이성의 영역을 협소하게 하는 그 뻔뻔스러운 유물론, 자연주의, 숙명론의 주장들을 지양하고, 그것을 통해서 사변의 영역 밖의 도덕적 이념들에게 공간을 마련해주는 데 유용하다"(《형이상학 서설》, AA 04: 363~365). 따라서 초월적 이념들을 대상으로 하는 형이상학의 가능성은 실천적 사용을 통한 유용성의 관점에서 그 '객관적 실재성'을 증명할 수 있어야 하며, 형이상학은 학문으로서 가능해야 한다.

범주의 객관적 실재성은 이론적이고, 이념의 객관적 실재성은 단지 실천적이다. — 자연과 자유.[3]

칸트가 인간의 인식능력 비판을 통해 지성과 감성의 대상이 되는 경험의 영역과 이성의 대상이 되는 초월적 영역을 '경계지음Begrenzung'으로써, 한편으로는 인간 이성의 이론적 인식의 한계를 분명히 하여 기존의 형이상학을 비판하지만, 이러한 이론적 인식의 한계에 대한 자각은 결코 흄과 같은 경험론자들처럼 초재적 이념의 영역, 즉 한계 혹은 경계 너머에 실재하는 '공간의 공허'의 영역을 부정하도록 내몰지는 않는다.

5. 순수이성의 '경계규정Grenzbestimmung'과 칸트 이론·실천 철학의 통합성

칸트는《형이상학 서설》§59에서 '경계'의 비유를 들어 감성계의 경계 너머 지성계를 가정하고 있다. 그런데 칸트가 인간 지성으로는 인식할 수 없는 감성계 영역 너머의 지성계를 가정하는 것은 인간 지성이 오직 현상, 즉 감성의 형식에 주어지는 대상을 '제약된 것' 혹은 '규정된 것'으로만 인식하는 인간 지성 자체가 갖는 제한성을 극복하기 위한 것이다. '제약된 것'을 넘어서 경험을 확장하고 종합할 능력을 지성 자체가 갖지 못하기 때문에 지성과는 다른 영역인 지성계에 속해 있는 이성이 지성의 제한성과 한계성을 극복할 수 있는 유용성의 측면에서 가정된다는 것이다. 따라서 이러한 가정은 전통 형이상학의 독단론자들이 감성계 너머의 영역을 이론적으로 인식할 수 있다는 주장과 엄격히 구분된다.

칸트는 이성과 지성의 관계를 '이성이 지성을 한정한다'는 명제를 통해서 설명한다. 이성이 지성을 한정하므로 이성과 지성의 관계는 '원인'과 원인의 작용으로 발생하는 '결과'의 인과관계로 설명된다. 칸트는 이 관계의 방식을 '운동하는 힘들의 역학적 관계'와 '유비'의 방식을 통해서 설명한다. "어떤 물체가 자신의 움직이는 힘을 통해서 다른 물체에게, 그로 인해 그 다른 물체가 그 물체에게 똑같은 정도로 반응하도록 유발하지 않고서는 작용할 수 없다."(04:358) 이것은 지성계와 현상계의 '관계'의 방식을 이해하는 데 도움을 주는 '유비'가 된다. 뿐만 아니라 그는 '아이들의 행복에 대한 요구 = a'와 '부모의 사랑 = b'와의 관계를 '인류의 행복 = c'와 지성계에 속하는 우리들에게 인식의 대상이 될 수 없는 '신 안에서 알려지지 않은 것 = x'의 '관계'의 '유비'를 들고 있다. '신 안에서 알려지지 않은 것 = x'는 '사랑'이지만 이때의 x는 인간적인 최소한의 경향과 유사성을 가지기 때문이 아니라, 신과 세계의 사물들이 서로 간에 갖는 '관계'와 유사한 것으로 놓을 수 있기 때문이다. 현상계와 지성계의 인과관계는 현상계에서 인과의 사슬과는 전혀 상관없는 다른 방식, 즉 감성과는 전혀 상관없는 인과관계로 이해되어져야 한다. 관계개념은 여기서 단지 범주, 다시 말해서 감성과는 전혀 상관없는 원인의 개념이다(04:358).

이상의 설명을 통해 현상계와 지성계의 특정한 방식의 '관계'가 있다는 사실을 확인할 수 있다. 결론적으로 지성계는 현상계의 계열 밖에 있으면서 동시에 현상계와 관계를 맺고 있는 것이 된다. 이 점이 바로 칸트가 《순수이성비판》 '우주론적 이념들의 해결'(A533/B561)에서 다음과 같이 말하는 바이다. 예지적 원인은 경험의 계열 '밖'에 있지만, 그 원인의 작용 결과는 경험적 조건들의 계열 '안'에서 마주칠 수 있다는 것이다.

예지적인 원인은 그것의 원인성에 관해서는 현상들에 의해 규정되지 않는다. 물론 그것의 결과들은 현상하고, 다른 현상들에 의해 규정될 수 있지만 말이다. 그러므로 그것〔예지적 원인〕은 그것의 원인성과 함께 계열 밖에 있으되, 그것의 작용결과는 경험적 조건들의 계열 안에서 마주쳐진다.

지성계와 현상계의 '경계규정'은 한편으로는 인간 지성이 경험의 대상들 이상의 것들을 인식하고자 하는 욕망을 제한하고 지성계의 인식대상들, 즉 신 존재, 영혼의 불멸 등을 이론적으로 인식하고자 한 전통 형이상학자들을 비판하는 도구로 사용된다. 경계 '밖' 지성계에 속하는 순수이성개념들은 '어떤 적극적인 것etwas Positives'으로서 인간 지성의 이론적 사용의 제약성을 확장시킬 수 있는 '규제적 원칙'으로서 '실천적 인식 원천'으로 작용하고 있다. '규제적 원칙'은 이성의 원칙으로 어떤 경험적 제약도 절대적 한계로 여기지 않는다(KrV B 536).

칸트는 선험적 이념들이 객관적 대상들의 인식대상이 될 수 없음에도 불구하고 지성체Noumena를 가정하고 이 영역을 '텅 빈 공간'(04: 363)이라고 지칭한다. 이 '텅 빈 공간'은 비록 지성의 인식대상은 될 수 없지만 현존하는 경험의 총괄 밖에 놓여 있는 공간이면서 경계 안의 현상계에 '규제적 원칙'으로서 관여하고 있기 때문에 '적극적인 인식'의 대상이 된다. 따라서 '텅 빈 공간'은 단지 경험주의자들이 생각하는 것처럼 인간의 환상이 만들어낸 가상도 아니며 이성주의자들의 증명되지 않은 독단적 전제도 아니다. '지성체'와 '경계지음'에 대한 자각은 '적극적인 인식'으로써 경험계의 영역 '밖'에서 감성계 '안'에서 제약된 인간 지성을 유물론, 자연주의, 숙명론적 인식 방식으로부터 해방시키는 역할을 하게 된다.

《형이상학 서설》§59에서 밝히고 있는 현상계와 지성계의 '경계지음'의 의미와 그 '유용성'(04: 362)은 다음과 같이 다섯 가지로 정리하여 구분할 수 있다. 특히 다섯 번째 항목은 '경계' 밖 지성계에 속하는 순수이성개념들이 '규제적 원칙'으로 어떻게 사용되고 있는지를 설명해준다.

첫째, '경계'는 한편으로 경계의 '안'에도 속하고, 다른 한편으로는 경계 '밖'에도 속한다. 경계 자체가 경계의 '안'과 '밖' 어느 쪽도 부정하거나 배제하지 않기에 경계 자체는 '어떤 적극적인 것etwas Positives'이라는 의미를 갖는다. 칸트는 '경계'를 '적극적 인식'이라고 표현한다.

둘째, 모든 경험은 언제나 제약된 것으로, 제약된 것에서 언제나 다른 제약된 것으로 다다르기 때문에 '경계를 규정짓는 것'은 경험일 수 없으며 언제나 경험 '밖'에 놓여 있어야 한다. 따라서 경계를 짓는 주체는 언제나 경험의 '밖'에 놓여 있어야 한다. 이것이 칸트가 '우리 안의 자유die Freiheit in uns', '우리 위의 신Gott über uns', '우리 이후의 영혼불멸Unsterblichkeit nach uns'

과 같은 '초감성적인 것das Übersinnliche'의 '객관적 실재성'을 '실천적 관점'에서 요청하는 이유가 된다.

셋째, 경계는 한편으로 인간 이성을 초재적 대상에 열광하는 것으로부터 보호한다.

넷째, 경계는 현상계 안에서 제한되고 규정된 경험의 지속과 확장을 가능하게 한다.

다섯째, 경계 밖의 지성계의 영역은 '규제적 원칙'으로서 기능한다. '규제적 원칙'은 "감성계 밖에서 무엇인가를 규정하기 위한 것이 아니라, 그것과는 달리 오직 감성계 안에서 이성의 고유한 사용을 가능한 가장 커다란 (이론적인 것뿐만 아니라 실천적인) 통일의 원칙들에 따라서 이끌기 위해서, 이러한 것을 위해서 모든 이러한 결합의 원인으로서 감성계와 독립적인selbstständig 이성으로의 '관계'를 사용하기 위해서이다" (04:361).

지성계에 속하는 순수이성개념들은 감성계로부터 엄격하게 독립해 있지만 그럼에도 불구하고 특정한 방식으로 감성계에 영향을 끼친다. 일반적으로 '이성의 이론적 사용'을 범주의 기능으로, '이성의 실천적 사용'을 초월적 이념의 기능으로 구분하고 있지만, 이러한 구분은 이성의 통일된 하나의 체계 안에서의 구분일 뿐이지 상호 무관하게 작용하는 고립된 기능으로 이해되지 않는다. 실제로 칸트는 1786년 4월

7일 요한 베링Johann Bering에게 보낸 편지에서 "실천철학의 체계는 이론철학의 체계와 밀접하게 연관되어 있다"(Kants Brief, AA 10: 441)고 쓰고 있다. 칸트 인식론의 실천적 성격과 관련지어 언급한 범주의 실천적 성격은 칸트 이후의 독일 관념론자인 피히테에게 영향을 주게 된다. 이러한 영향의 단적인 예는 인식의 뿌리를 '인식하는 주체의 행위들die Hanldungen des erkennenden Subjekts'에서 찾는 피히테의 인식론의 핵심개념인 독일어 'Tat'와 'Handlung'의 조합어인 '사행 Tathandlung'에서 발견된다.

이런 관점에서 한스 블루멘베르크Hans Blumenberg는 '누군가가 행위라는 단어에서 지성의 언어상의 특별함을 취하면, 이성의 전 비판은 실천적 이성의 비판뿐만이 아니라, 이성의 전 비판이 실천적이 된다'⁴라고 주장한다. 한스 블루멘베르크의 통찰에 따라 실천적 '행위' 개념에 초점을 맞춰《순수이성비판》을 읽으면 실제로 우리는 많은 곳에서 실천적 의미에서의 '행위' 개념을 발견할 수 있다. 칸트는 '순수지성 개념들의 연역'(KrV, A96~A130)에서 '모든 종합일반'을 '행위'로, '포착의 종합Synthesis der Apprehension'(KrV, A99. 67)을 직관의 통일의 '행위'로, '상상력의 재생의 종합die reproduktive Synthesis der Einbildungskraft'(KrV, A102)을 '마음의 초월적 행위transzendentale Handlung des Gemüts' 가운데 하나로 설명하고 있으며, '개념에서의 인지의 종합'(KrV, A103)의 근원을

'마음의 행위〔활동성〕의 동일성die Identität [der] Handlung [des Gemütz]'에서 찾고 있다. 1794년 6월 17일 야콥 지기스문트 벡Jakob Sigismund Beck이 칸트에게 보낸 편지에서 자신이 이해한 바에 따르면 칸트는《순수이성비판》독자들에게 최종적으로 본래 '범주들이 지성의 행위'며 '지성은 근원적으로 지성의 행위Handlung를 통해서 대상의 개념을 만든다machen'고 서술하고 있다. 칸트는 노령에도 불구하고 답장을 썼고 벡의 견해를 부정하지 않았다.[5]

6. 텍스트의 전승

최초의 원판《학문으로서 출현 가능한 미래의 모든 형이상학을 위한 서설Prolegomena zu einer jeden künftigen Metaphysik, die als Wissenschaft wird auftreten können》은 1783년 4월 초에 출판업자 하르트크노흐Johann Friedrich Hartknoch에 의해서 출판된 것으로 추정된다.

대략적인 출판 날짜는 플레싱Fridrich Victor Leberecht Plessing이 1783년 4월 15일 칸트에게 보낸 편지를 통해서 확인할 수 있다(Brief, AA 10: 310~311). 이 편지에서 그는 쾨니히스베르크의 하만Johann Georg Hamann이 자신에게《형이상학 서설》이 곧 출판될 것이라는 소식을 접했다고 말했다는 이야기를 쓰고 있으며,《형이상학 서설》의 베를린 학술원판의 발행인 에르트만Benno Erdmann은 하만이 헤르더에게 1782년 8월 25일에 보낸 편지를 통해서《형이상학 서설》의 출판일을 확인했다.

칸트 전집은 칸트 생존 시에 그의 허락 없이 프랑크푸르트와 라이프치히에서 1794년과 1798년에, 그래츠에서 1795년에 출판되었으며, 그의 사후에도 여러 판본이 출판되었다.《형이상학 서설》은 로젠크란츠Karl Rosenkranz와 슈베르트Friedrich Wilhelm Schubert가 1838년 출판한 전집 가운데 셋째 권과, 1983년에 하르텐슈타인Gustav Hartenstein이 칸트의 저작을 연대순으로 편집해 열 권으로 출판한 전집 가운데 제4권에 속해 있으며, 한국에 많이 소개된 바이셰델Wilhelm Weischedel의 여섯 권짜리 전집 가운데 제3권에 있다.

《형이상학 서설》은 1905년과 1989년에 포어렌더Karl Vorländer와 말터Rudolf Malter에 의해서 단행본으로 출판되었다. 본 책이 번역 대본으로 삼은 폴로크Konstantin Pollok의 단행본은 2001년에 발행되었다.[6]

7. 《형이상학 서설》 생성의 역사

(1) 《순수이성비판》의 대중화

칸트의 《순수이성비판》은 출판 이후 텍스트의 난해함 때문에 정당한 평가는 고사하고 학자들과 대중들로부터 기본적인 이해조차 받지 못했다. 이러한 상황에서 칸트는 자신의 비판철학을 보다 쉽게 대중들에게 이해시키기 위해 《형이상학 서설》을 저술한 것으로 추정된다.

1781년 1월경에 칸트는 《순수이성비판》의 초고를 간행한다. 그는 서문에 1781년 3월 29일이라고 연도와 날짜를 표기했고, 같은 해 5월 말 혹은 6월에 제1판을 출간했다. 《순수이성비판》 출간 이후 1781년 4월 11일, 칸트는 헤르츠에게 쓴 편지에서 《순수이성비판》에서 고려되지 못한 대중성을 충족시키기 위한 저서를 계획하고 있음을 언급한다. 그러나 그는 여기서 《형이상학 서설》이 전적으로 대중성에 맞춰 계획된 것은 아니라는 점 또한 언급하고 있다.

이런 종류의 탐구는 언제나 어렵습니다. 왜냐하면 이러한 탐구는 형이상학에 대한 형이상학을 포함하기 때문입니다. 비록 제가 하나의 계획을 생각하고 있지만—이 계획에 의해서 이 탐구가 대중성을 얻을 수는 있겠지만—그러나 시작에 있어 그 토대가 제거되는 것은 과도한 것이 될 수 있습니다. 특히 무엇보다도 인식 방식의 전체는 자신의 모든 분절에 의해서 제시되어야 하기 때문입니다.(Brief, AA 10: 269)

1779년 1월에 칸트가 헤르츠에게 쓴 편지에서도 어떻게 하면 철학에서 언제나 토대가 되는, 규율에 따른 방법die schulgerechte Methode과 대중적 설명을 동시에 만족시킬 수 있는지에 대해서 고민하고 있음을 확인할 수 있다(Brief, AA10: 247).

《순수이성비판》 간행 이후 1781년과 1782년 사이의 서신 교환에서 칸트는 학문적 엄격함과 대중성 사이의 간극을 화해시킬 수 있는 계획에 대한 견해들을 언급하고 있다(1781년 6월 8일 바이스터Johann Erich Biester에게 보낸 편지, Brief, AA10: 272~273). 이러한 칸트의 계획은 짧은 시간에 사람들에게 회자되었고 그의 동시대인들인 헤르더Johann Gottfried Herder, 하만, 출판업자 하르트크노흐와의 서신에서 그들이《순수이성비판》에서 고려하지 못한 대중성을 부여해줄 칸트의 새로운 저서를 조급한 마음으로 기대하고 있음을 엿볼 수 있다.

헤르츠와 바이스터에게 보낸 편지에서 1783년에 저술된 것으로 보이는 칸트의 유고 〈미래의 모든 형이상학을 위한 프롤레고메나를 위한 사전 작업〉7이 확인되었지만, 유감스럽게도 이 텍스트의 진행 경과를 보여주는 자료는 전혀 남아 있지 않다. 이 텍스트에 대한 자세한 정보를 줄 수 있을 것으로 추정되는, 칸트가 하르트크노흐에게 쓴 1781년 8월 18일자 편지도 사라졌다.

(2)《순수이성비판》과 가르베의 비평

《순수이성비판》의 출판 이후 이 책에 대한 비평들이 다양한 학술지에 발표되었는데, 이러한 비평문들이《형이상학 서설》의 최종 편집에 영향을 끼친 것으로 보인다.

1781년 7월《프랑크푸르트 학보Frankfurter gelehrten Anzeigen》와 1781년 11월《최신 비평 소식Neuesten Critischen Nachrichten》에 실린《순수이성비판》비평문 두 편은 비평의 성격보다는 책 광고에 가까운 것으로 차례를 소개하는 데 그쳤다.

이와 달리 1782년 1월 19일에 익명으로《괴팅겐 학보 Gottingischen Anzeigen von gelehrten Sachen》부록 1권, 40~48쪽에 발표된 비평문은《순수이성비판》에 대한 자세한 비평을 시도하고 있으며,《형이상학 서설》의 최종 편집에 영향을 미친 것으로 추정된다. 이 비평은 본래 가르베Christian Garve가 집필한 것인데, 학보의 발행인인 페더Georg Heinrich Feder가 교정하는 과정에서 본래의 원고보다 3분의 1 정도로 축소되었다. 이 비평문의 내용은 다른 비평에 비해서 자세하기는 하지만 피상적이고, 성급한 판단으로 칸트의 테제를 올바르게 재현하지 못했다.

비평이 《형이상학 서설》의 편집에 끼친 영향은 《형이상학
서설》의 부록인 "《순수이성비판》을 판단하기 이전에 《순수
이성비판》을 참고하라는 제안Probe eines Urteils über die Kritik,
das vor der Untersuchung vorhergeht"에서 현저하게 나타난다. 이
글은 칸트가 비평에 실망했을 뿐만 아니라 격분하고 있음을
보여준다.

이 비평의 저자인 가르베는 익명 뒤에 숨지 말고 당당히 자
신의 반론에 답하라는 칸트의 요청을 수용해서 1783년 7월
13일 칸트와 서신을 교환하며 상호 간의 존경을 확인한 후,
1783년 《공공 독일 도서관Allgemeine Deutschen Bibliothek》 가
을호에 본래 원고 그대로 비평문을 싣는다. 칸트는 이 글을
살펴본 후에 자신의 감상을 적은 편지를 슐츠Johann Friedrich
Schultz에게 보낸다.

> 제가 다른 일들 때문에 가르베의 비평을 비록 날림으로 읽었
> 지만, 피할 수 없는 의미의 왜곡에도 불구하고 그것은 《쾨팅
> 겐 학보》의 내용과는 전혀 다르고 훨씬 다양한 관점에서 생
> 각된 것이었습니다. (Brief, AA 10: 349)

그러나 칸트는 가르베의 비평을 정독한 후에 실망감을 감
추지 못한다.

과연《괴팅겐 학보》의 비평이 오늘날 전해지고 있는《형이
상학 서설》의 형태에 영향을 끼쳤는지, 부록까지 포함한《형
이상학 서설》의 구성이 1781년 초에 이미 계획된 것이었는
지는 확실하지 않다. 이 의문을 둘러싸고 1878∼1879년에
에르트만과 아르놀트Emil Arnoldt 사이에 논쟁이 있었다. 그
러나 전승된 텍스트를 객관적으로 이해하는 데 이러한 질문
은 단지 부차적인 관심사일 뿐이다.

《괴팅겐 학보》의 비평 이후, 1782년 8월 24일《고타 학보
Gothaischen gelehrten Zeitungen》에 후속 비평이 실린다. 이 비
평은 에발트Schack Hermann Ewald가 집필한 것이다. 칸트가
《형이상학 서설》부록의 마지막 부분에《순수이성비판》을
판단하기 이전에《순수이성비판》을 탐구하라는 제목을 붙
였듯이, 그는 이 비평에 충분히 만족했다. 그럼에도 불구하
고 칸트는 자신의 저작이 이해받지 못했다고 느낀다. 비록
그가 즉각적인 성공을 바라지는 않았다 할지라도, 그의 저작
이 이해받지 못한 상황은 테텐스Johann Nicolas Tetens, 헤르츠,
멘델스존으로부터 어떤 반응도 끌어낼 수 없게 만들었다. 람
베르트Johann Heinrich Lambert는 이미 1777년에 사망했으며,
테텐스는 주저《인간 본성에 관한 철학적 시도Philosophische
Versuche über die menschliche Natur》(1770)를 출판한 후에 저술
활동에서 은퇴했다. 헤르츠 또한 사망했으며, 1781년 5월 8
일부터 1785년 11월 25일 사이에는 서신 교환도 없었다. 멘

델스존은《형이상학 서설》출판 직전인 1783년 4월 10일 칸트에게 보낸 편지에서《순수이성비판》에 대해서는 언급하고 있지만《형이상학 서설》에 대해서는 언급하지 않고 있다. 신경쇠약으로 고생하던 멘델스존은 2년 뒤에 칸트에게《순수이성비판》을 통독하지 못했다고 고백한다. 편지에서 그는 반어적으로《순수이성비판》이 자신에게 있어서 '건강의 기준'이며, 자신이 신경을 지치게 하는 이 책 읽기를 곧 감행할 것이며, 자신이 죽기 전에 면밀하게 생각할 수 있을 희망이 아주 없지는 않을 것이라고 쓰고 있다(Brief, AA 10: 308).

8.《형이상학 서설》의 제목

'프롤레고메나Prolegomena'는 그리스어에서 유래한 말로, '앞서서 말해진 것', '서문', '위대한 저서를 위해 시작하는 비평', '학문으로의 안내' 등의 의미를 갖는다. 칸트는《형이상학 서설》§4에서 이 단어를 '연습Vorübung'으로 표현하기도 했다. 전문용어인 '프롤레고메나'는 칸트 시대에 널리 알려져 있었고, 볼프와 바움가르텐은 이 용어를 형이상학과 존재론을 위한 서론의 의미로 사용했다.

칸트는 1778년 12월 헤르츠에게 보낸 편지에서《순수이성비판》을 "형이상학과 존재론의 프롤레고메나"로 명명한다.

따라서 '프롤레고메나'라는 표현이 실제로 책의 발췌나 글을 이끄는 성격을 뜻하는지, 혹은 이 표현으로 《순수이성비판》 뿐만 아니라 《형이상학 서설》 이론의 형이상학을 위한 입문 혹은 아직 상술된 체계를 갖추지 못한 방법에 관한 논문의 성격을 부여하는지는 분명하지 않다. 어떻든 간에 《형이상학 서설》은 비판철학의 대중화를 위해 계획된 것으로 생각된다. 이러한 사실을 칸트는 《형이상학 서설》의 처음과 끝에서 충분하게 언급하고 있다. 칸트는 이미 《순수이성비판》에서 이 책이 '불명료함'으로부터 자유롭지 못하다는 것과, 서술 기술에 문제가 있다는 것을 충분히 의식하고 있었다. 칸트는 〈미래의 모든 형이상학을 위한 프롤레고메나를 위한 사전 작업〉에서, 《순수이성비판》의 결점은 설명하는 방식의 난해함에 있다는 점을 자기비판을 통해 인정하고 있다.

나의 저서는 커다란 오류가 있지만, 내용에 관한 오류가 아니라 단지 설명에 있어서의 오류다. (AA23: 60)

그는 자신이 너무 급하게 집필에 착수한 것과, 시간에 쫓겨 전체 수정을 하지 못한 것에 대해 독자들의 양해를 구한다. 《형이상학 서설》의 과제는 《순수이성비판》에 나타난 '대중성의 결여', '불명료성', '계획의 광대함'의 문제점들을 극복하는 데 있다. 이 점이 바로 칸트가 《형이상학 서설》의 서문에서 언급하고 있는 내용이다. 그러나 칸트는 '엄격한 규율의 정확성의 규칙'의 척도에 따라 집필된 주저《순수이성비판》이 언제나 토대가 되어야 함을 강조한다. 순수한 이성능력이 이성의 다양한 능력들을 이성의 전 범위와 경계 안에서 설명하고 있는《순수이성비판》은 어디까지나 연습에 해당하는《형이상학 서설》의 토대가 된다. 만약《형이상학 서설》이《순수이성비판》의 이해를 돕기 위해 접근 방법을 쉽게 할 수 있다면, 그것은 칸트 스스로 밝히고 있는 것처럼 단지 추후에 보충으로서 유용할 뿐이다. "왜냐하면 사람들은 순수이성 비판을 통해서 전체를 조망할 수 있고, 이 학문에서 말하고자 하는 주안점들을 단계적으로 시험"《형이상학 서설》, AA 04: 263f)할 수 있게 되기 때문이다.

9.《형이상학 서설》의 방법, 차례, 의미

칸트는《형이상학 서설》에서, 2년 전에 출판된《순수이성비판》의 새로운 변형이나 이론을 제시하지 않는다.《형이상학 서설》은 주저인《순수이성비판》에서 전제되는 이론을 보다 일목요연하게, 대중적으로 자세하게 설명하기 위한 하나의 시도이다.《형이상학 서설》은 초월철학의 새롭고 비판적인 기초 놓음을 보다 쉽게 접근할 수 있도록 설계함으로써 대중의 관심을 유도한다. 《형이상학 서설》은 이러한 목적에 부합하는 세 가지 특징을 갖는다.

첫째, 《형이상학 서설》은 《순수이성비판》의 약 4분의 1 분량 안에 《순수이성비판》의 내용을 요약한다. 둘째, 《형이상학 서설》은 구체화되고 이론적인 문제제기의 모든 사유 과정을 따른다. 마지막으로 《형이상학 서설》은 《순수이성비판》과 논의 방법을 달리한다. 《형이상학 서설》에서는 선험적 종합판단이 실제로 존재한다는 것, 수학과 물리학의 법칙들이 그 증거라는 것을 전제하고, 초월철학적 비판은 단지 어떻게 그런 판단이 가능한지에 대한 물음에 답하는 것이라고 논의를 진행한다.

칸트는 《형이상학 서설》에서 사용하는 이 방법을 '분석적 방법'이라고 명명한다. 이 방법은 개별적인 조건들을 분석하기 위해서 진리에 근거한 학문인 순수 수학, 순수 자연과학, 순수 형이상학이 존재한다는 것을 전제하고 논의를 시작한다. 이와 반대로 《순수이성비판》에서 칸트는 '종합적 방법'을 사용한다. 이 종합적 방법에서는 결과들이 확실하게 전제되지 않고, 오히려 필연적인 요소들의 결합을 통해서 전개된다.

그 저서 자체(《순수이성비판》)는, 매우 특별한 인식능력의 사지 구조를 갖춘 이 학문이 자신의 모든 인식능력의 분절들을 인식능력의 자연스러운 연결 안에서 제시하기 위해서, 전적으로 종합적 교습방식synthetische Lehrart의 견지에서 파악되었기 때문이다. (《형이상학 서설》, AA 04: 263f)

칸트는 '분석적', '종합적'이라는 전문용어를 이미 두 가지 판단 유형인 분석판단과 종합판단의 구별을 위해서, 분석론과 변증론의 구별을 위해서 사용했기 때문에, 용어의 혼동을 피하기 위해 §5의 각주에서 분석적 방법과 종합적 방법을 위한 용어로 '배진적 교습방식regressive Lehrart'과 '전진적 교습방식progressive Lehrart'을 제안한다(《형이상학 서설》, AA 04: 276, Anmerkung.《순수이성비판》초판A 41, Anmekrung 참고).

칸트는《형이상학 서설》을 집필할 때 설명과 논의 방식에 있어 미흡한 점들을 개선할 것을 고려했으며,《순수이성비판》의 이념, 동기, 문제 설정들을《순수이성비판》의 2판에서, 특히 2판 서문과 '초월적 분석론'에서 명확하게 하고자 한다. 여기서 칸트는《형이상학 서설》의 방법, 즉 '분석적'이고 '배진적인' '역행하는' 방법을 언급하고 있다. 이 방법은 결과를, 즉 진리에 타당한 학문을 전제하고, 이러한 진리성의 조건들을 찾아가는 방법을 취한다.

《형이상학 서설》의 물음은《순수이성비판》의 물음과 동일하게 '어떻게 선험적 종합판단이 가능한가?'이다. 이 물음에 있어서 중요한 것은 학문Wissenschaft이 무엇이고, 형이상학이 학문으로서 가능한 것인지에 대한 것이다. 초월적 주요 물음을 칸트는 다음과 같이 네 가지로 분류한다.

1. 어떻게 순수 수학이 가능한가?(§6~§13)
2. 어떻게 순수 자연과학이 가능한가?(§14~§39)
3. 어떻게 형이상학 일반이 가능한가?(§40~§60)
4. 어떻게 형이상학이 학문으로서 가능한가?

칸트가 이러한 질문을 통해 전개하는 사유의 과정은 실제로 《순수이성비판》에서의 과정에 상응한다. 순수 수학의 가능성에 대한 첫째 질문은 감성적인 직관, 공간과 시간 이론을 밝히고, 이것을 가지고 '초월적 감성론'의 영역을 구성한다. 둘째 질문은 개념들과 대상들과 대상의 현존에 관한 우리의 인식에 놓인 개념들과 원칙에 대한 것들이다. 이것은 '초월적 분석론(개념의 분석과 원칙들의 분석)'에 상응한다. 형이상학에 관한 물음은 좁은 의미에서 셋째, 넷째 질문으로 '초월적 변증론'이다. 초월적 변증론은 두 가지 관점을 갖는다. 하나의 관점은 완수될 수 없는 인식의 권리 주장에 대한 비판이며, 다른 하나는 구성적이지 않은 형이상학적 개념들(이념들)의 능력의 경계 설정이다. 이처럼 《형이상학 서설》에서 《순수이성비판》의 각 장의 표제들이 전혀 나타나지는 않지만, 표제들의 내용은 《순수이성비판》과 동일하게 배열된다.

10. 《형이상학 서설》의 영향

쇼펜하우어Arthur Schopenhauer는《형이상학 서설》을 "칸트
의 모든 저서 가운데 가장 아름답고 평이한 저서"라고 평가
했으며, 이 저서가 칸트 철학 연구를 특별히 쉽게 한다고 말
했다.[8] 그럼에도 불구하고《형이상학 서설》은 비판철학에
대한 불만족스러운 비평의 본질적인 변화를 이끌어내지는
못했다. 쾨니히스베르크의 목사이자 교수이면서 칸트 신봉
자였던 슐츠는 칸트와의 서신 교환 후에 쓴《칸트 순수이성
비판에 대한 해석Erläuterungen über des Herm Prof. Kant Critik der
reinen Vernunft》[9]의 서론에서《순수이성비판》이 동시대 학자
들에게 이해할 수 없는 책으로 비판받고 있기 때문에 칸트가
《형이상학 서설》을 썼지만,《형이상학 서설》마저 사람들에
게 이해하기 쉬운 책이 아니었음을 밝히고 있다. 그리고 칸
트도《형이상학 서설》의 출판 6개월 후에 "어느 누구에게도
이해받지 못했다"고 불평했고, 1783년 8월 26일 슐츠에게
보낸 편지에서는 이러한 상황을 "모욕"이라고까지 말하고
있다. 이러한 상황에서 슐츠의 칸트 비판철학에 대한 이해는
그 당시 하나의 예외적인 경우였다. 칸트는 슐츠의 이해에
힘입어 모욕스러운 상황을 잊을 수 있었고 그의《순수이성비
판》해석서를 통해 자신의 철학이 이해될 수 있었음(Brief, AA
10 : 351)을 확인한다.

1783년 10월 25일,《고타 학보》에《형이상학 서설》에 대한 자세한 비평이 발표된다. 이 비평은 단순한 언어로 쓰이긴 했지만, 칸트 철학에 대한 이해를 갖추었고 호의적인 태도를 보였다. 마지막으로 1784년 초에《최신 철학 문헌 평론 Übersicht der neuesten philosophischen Literatur》에 기고한 로시우스Johann Christian Lossius의 비평은 훨씬 깊이가 있었다.

  1784～1785년에 칸트의 새로운 비판철학은 마침내 널리 알려지게 된다. 슐츠의 해석서 이후 객관적으로 타당한 비평들이 발표되었고, 점차 칸트의 의도에 맞는 토론이 활발하게 이루어졌다. 슐츠의 해석서는 예나 대학의 수사학과 시학 교수인 고트프리트 쉬츠Christian Gottfried Schütz로 하여금 슐츠의 해석서뿐만 아니라 칸트의《순수이성비판》과《형이상학 서설》도 함께 다룬, 광범위하고 정통한 비평을 쓰도록 동기를 부여했다. 이 비평은 1785년 7월 12일부터 30일까지《일반 문헌 신문Allgemeinen Literatur-Zeitung》에 연속 게재되었다.

들어가는 말

1 칸트의 비판철학이 동양의 수행과 맞닿아 있다는 통찰은 한자경,
   《칸트 철학에의 초대》, 서광사, 2006, 18~20쪽 참조.

2 《순수이성비판》, B 791 참고.

3 Georg Mohr, *Kants Grundlegung der kritischen Philosophie—Werk-
   kommentar und Stellenkommentar zur Kritik der reinen Vernunft, zu
   den Prolegomena und zu den Prolegomena und zu den Fortschritten der
   Metaphysik*(Suhrkamp: Frankfurt am Main, 2004), 512~527쪽.

머리말

1 칸트는 미래의 모든 가능한 종류의 형이상학을 위해 타당성을 갖는
   하나의 프롤레고메나를 제시하고자 한다. 'Prolegomena'는 그리스
   어에서 유래한 말로, '앞서 말해지는 것', '서문', '학문으로의 안내' 등
   을 의미한다.

2 호라티우스Quintus Horatius Flaccus는 로마시대의 시인이다. 칸
   트가 인용한 구절의 출처는 *Epistulae*, I, 2, 42~43이다. 동일한 구

절을 로크가 자신의 《인간지성론》(1689)에서 이미 인용했다. John Locke, *An Essay Concering Human Understanding*(Lound, 1960), Ⅱ, 17쪽, 19쪽 참고. 칸트는 이 인용문에서 형이상학을 물결에 비유하고 있다. 형이상학은 인간 이성의 자연본성에서 비롯되는 것으로 누군가는 이 형이상학적 물음을 회피하고자 할 테지만 인간은 이성의 대답을 요구하는 이 물음으로부터 영원히 벗어날 수 없음을 그는 이 시구를 들어 설명하고 있다.

3 칸트는 여기서 《순수이성비판》의 가장 중요한 핵심 주제 가운데 하나인 '지성개념의 연역'을 '행위' 개념과 연관 짓고 있다. 이는 지성 개념이 단지 인식능력의 '이론적 사용'뿐만 아니라 '실천적 사용'과 밀접한 관련이 있다는 사실을 보여준다.

칸트가 인식능력의 모든 요소가 유기체의 기관처럼 분절되어 고유한 영역을 갖지만 하나의 통일체 안에서 상호 밀접한 유기적 관계를 갖는다고 강조하는 것처럼, 인식능력의 '이론적 사용'과 '실천적 사용'은 한편으로는 엄격히 구분되지만, 다른 한편으로는 밀접한 유기적 관계 속에서 이해되어야 한다.

4 독일어 Deduktion은 라틴어 deducito에서 유래한다. 일반적으로 연역은 하나의 다른 가설에서 테제를 논리적 추리의 규칙을 통해서 이끌어내는 것을 의미한다. 칸트 철학에서 연역은 형이상학적 연역과 초월적 연역으로 구분된다. 형이상학적 연역Die metaphysiche Deduktion은 모든 경험으로부터 완전히 독립하여 얻어진 범주들의 사용의 합법성을 증명하지는 않으며 단지 범주들의 선험적 근원만을 확실하게 한다(《순수이성비판》, B 159 참고). 초월적 연역Die transzendentale Deduktion은 직관 일반의 대상들과 우리의 감관에 언제나 존재할 수 있는 모든 대상에 대한 선험적 인식으로서 범주의 가능성을 증명하기 위한 연역이다. 칸트는 '초월적 연역'을 개념들이

선험적으로 대상들과 어떻게 관계할 수 있는지에 대한 방식의 설명이라고 밝힌다(《순수이성비판》, B 117 참고).

5 '꿰인'은 베를린 학술원판의 abgenutzt를 참고로 해서 번역했다. 마이너판에서는 aufgestutzt로 되어 있다. *Prolegomena zu einer jeden künftigen Metaphysik, die als Wissenschaft wird auftreten können*, AA 04: 261f 참고.

6 Publius Vergilius Maro, *Georgica*, Ⅳ, 168쪽.

형이상학 서설

1 독일어 Erkenntnis를 '인식'으로 번역할 것인지 아니면 '지식'으로 번역할지에 대한 논란이 있을 수 있다. 바로 아래서 칸트가 밝히고 있듯이 인식의 특징을 대상과의 연관에서 생각하면 인식은 지식의 의미로 이해할 수 있고, 인식의 원천들과의 연관에서 논의할 때는 대상과는 별도로 인식 자체를 다루기 때문에 인식의 의미로 번역될 수 있다.

2 《순수이성비판》 초판 712쪽의 내용이다. "초월적 방법론 1장 §1 교조적으로 사용되는 순수이성의 훈육"에서 칸트는 '개념들에 의한 이성인식으로서의 철학적 인식'을 '직관 안에서 개념들의 구성에 의한 이성인식으로서의 수학적 인식'과 구별한다.

3 §2 a)는《순수이성비판》의 A 6~7, B 10~11의 내용이다.

4 §2 b)는《순수이성비판》, A 150~153, B 189~193의 요약이다.

5 제그너Johann Andreas Segner의《수학의 기초Anfangsgründe der Mathemetic, Geometrie und der Geometrischen Berechnungen; Aus dem Lateinischen übersetet》제2판, Halle, 1773을 의미한다.

6 이 단락은《순수이성비판》, B 19~20에서 소개되었고, 그 내용은 전

후에 B 14~18에서 나타난다.

7 §2 '유일하게 형이상학적이라고 말할 수 있는 인식 종류에 관하여'
에 포함된 "본래적으로 형이상학적 판단들은 모두 종합적이다"로 시
작해서 §2의 마지막 단락까지의 (3)의 내용은 칸트의 원본(베를린
학술원판, Akademie Ausgabe의 약어로 'A'로 표시한다)에는 §4 '프
롤레고메나의 일반적 물음: 형이상학은 도대체 가능한가?'(칸트 원
본 A36~38, 학술원판 AA Ⅳ 273~274)에 포함되어 편집되었다. §
2 c) '종합판단들은 모순율과는 다른 원리를 필요로 한다'에 속해 있
는 (1) '경험적 판단들은 언제나 종합적이다', (2) '수학적 판단은 모
두 종합적이다'에 이어서 (3) '본래적으로 형이상학적 판단들은 모
두 종합적이다'의 내용이 뒤따르는 것이 문맥상 더 타당하다는 견해
로 §4의 내용을 §2절로 옮긴 것이다. 게오르그 모어Georg Mohr와
콘스탄틴 폴로크Konstantin Pollok는 이 단락의 위치에 대한 문헌학
적 논쟁에 대해서 상세하게 밝히고 있다. Georg Mohr, Theoretische
Philosophie: Text and Kommentar Band 3(Suhrkamp Verlag Frank-
furt am Main, 2004), 512~516쪽; Immanuel Kant, Prolegomena zu
einer jeden künftigen Metaphysik, die als Wissenschaft wird auftreten
können, Eingeleitet und mit Anmerkungen herausgegeben von
KONSTANTIN POLLOK(Hamburg: Felix Meiner Verlag, 2001), S.
53~54 참조.

8 philosophia definitiva는 '설명하는 철학erklärende Philosophie' 혹은
'규정하는 철학bestimmende Philosophie'이라는 의미를 갖는다. 칸
트가 여기서 사용한 라틴어 여성형 definitiva는 철학적 정의들의 편
람便覽인 바우마이스터스Fr. Chr. Baumeisters의 저서《개념적인 철
학Philosophia definitva》(1973)과 관련이 있다.

9 볼프는 18세기 중반 가장 영향력 있는 독일 철학자이며, 철학, 수학,

과학과 관련한 많은 저서를 출판했다. 칸트는 그의 많은 저서를 알
고 있었다.

10 바움가르텐은 볼프의 추종자이다. 칸트는 그의 책《형이상학Meta-
physica》(Halle: Hermerde, 1757)을 자신의 형이상학 강의에서 텍스
트로 사용했다.

11 John Locke, *An Essay Concering Human Understanding*, P. H.
Nidditsch(ed.)(Oxford: Oxford University Press, 1975), 544쪽.

12 "Quodcunque ostendis mihi sic, incredulus odie."(Horatius, *Epistu-
lae*, Ⅱ, 3, 188). 호라티우스는 기원전 20세기와 13세기에 편지들
을 두 권의 책으로 출판한다. 편지의 주된 내용들은 의미 있고 올
바른 삶의 가능성과 기준에 대한 것들이다. Georg Mohr, *Immanuel
Kant —Theoretische Philosophie, Texte und Kommentar*(Frankfurt am
Main, 2004), 536쪽 참고.

13 게리 해트필드Gary Hatfield에 따르면 여기서 '철학'이라는 단어는
칸트 시대에 일반적으로 사용되었던 것처럼 철학의 가지 중의 하
나인 자연과학 혹은 '자연 철학'을 포함하는 광범위한 의미를 갖는
다. 철학의 다른 가지는 윤리학, 논리학, 형이상학이다. 초기에 칸
트는 철학의 추론적 기초와 대조적으로 수학의 직관적 기초에 주
의를 기울였다.《순수이성비판》, A712~717, B740~745, Immanuel
Kant, "Theoretical Philosophy after 1781", *The Cambridge Edition
of the Works of Immanul Kant*(London: Cambridge University Press,
2002), 482쪽 참고

14 독일어 immanent는 '가능한 경험의 내부에 놓인 것'을 의미하며 초
재적이라는 의미를 가진 transzendent의 반대어다.

15 독일어 transzendent는 '인간이 일반적으로 자신의 감관을 가지고
지각하고 경험할 수 있는 것 너머에 놓인 것'을 의미한다.

16 독일어 Kartengebäude는 허물어지기 쉬운 것을 비유할 때 사용되는 개념으로 사상누각沙上樓閣, 공중누각空中樓閣, 터무니없는 공상, 환상 등의 의미를 갖는다. 칸트가 《순수이성비판》에서 이성 개념들과 지성개념들을 엄격하게 구별하는 것은 새로운 형이상학, 즉 미래의 형이상학을 위해 선행되어야 할 필연적 작업인 것이다. 폴 카수스Paul Causus는 Kartengebäude를 'a castle in the air'로 번역하였고, 해트필드는 엉성한 계획, 성공할 가망이 없는 계획의 뜻을 가진 'a house of card'로 번역했다. Immanuel Kant, Paul Casus (trans.), *Prolegomena: To Any Future Metaphysics that can Quality as a Science*(1902) 참고.

17 독일어 Aufklärung은 일반적으로 '계몽'이라고 번역하지만 여기서는 계몽과 유사한 의미를 갖는 '해명'으로 번역한다. 인간의 인식능력과 관련해서 '개념의 해명 혹은 계몽'이라는 표현은, 과연 어떤 점에서 칸트 이전의 철학사에서 나타난 경험주의, 이성주의 혹은 독단주의의 인간 이성 혹은 개념들에 대한 이해와 칸트 철학이 본질적 차이를 갖는지를 단적으로 보여주는 것이다. 일반적으로 말하자면 경험주의에서 개념은 단지 직접적인 감각적 지각이나 감각적 지각으로부터 얻는 경험적 사실들을 상상력이나 추상력 등의 인지작용을 통해서 생성한 것으로, 대상 인식에서 객관성을 담보할 수 없으며 따라서 경험주의는 필연적으로 회의주의를 야기한다. 전통적인 이성주의에서 개념은 신이 인간을 창조할 때 인간이 세계를 인식할 수 있게 하기 위해서 인간에게 선천적으로 심어놓은 것으로 이해하고 있다. 반면에 칸트 철학에서 인간의 인식능력과 인간의 개념은 철저하게 경험주의와 이성주의를 비판하며, 따라서 그의 인식론은 경험주의와 이성주의의 절충적 종합이 될 수 없다. 칸트가 그의 초월철학의 체계 안에서 사용하고 있는 '경험'이나 '이성'은

근대철학에서 나타나는 경험론이나 합리론에서 논의되는 개념과
는 질적으로 다른 차원에서 논의되어야 한다. 칸트는 《순수이성비
판》, §27 "순수지성 개념들의 연역의 성과"에서 당시 생물학에서 이
성의 체계로서 사용되던 개념인 전성체계前成體系 Präformations-
system와 범주(지성개념들)를 엄격하게 구별하여, 생물학에서 사
용되는 후성발생(後成發生, 생물의 발생은 점차적 분화에 의한다는
설)의 체계System der Egigenesis로 범주(지성개념들)를 설명한다.
순수이성의 전성체계의 고유한 특징은 후성발생의 체계에 대한 칸
트의 비판을 통해서 그 성격이 드러난다. 칸트에 따르면 후자의 체
계 안에서 범주는 경험으로부터 독립한 선험적인 것이지 경험을 통
해서 얻어진 것이 아니며, 우리의 실존과 더불어 인간의 사유를 위
해 창조자가 심어놓은 주관적인 소질도 아니다. 범주가 경험으로부
터 독립한다는 점, 대상 인식에 있어 경험론자나 회의주의자들과는
다른 보편적 방식으로 인식의 객관성을 추구한다는 점이 바로 그의
범주나 지성개념이 경험주의자들의 개념과 질적으로 다른 것임을
알게 해주며, 창조자가 범주나 이성을 인간에게 심어놓은 것이 아
니라는 점이 바로 전통적인 이성주의자들과의 본질적 차이임을 알
수 있다.

18 칸트는 《순수이성비판》 서문에서 인간 이성이 물리칠 수도 없는
물음들에 의해 괴로움을 당하는 것은 '인간 이성의 본성 자체die
Natur der Vernunft selbst'로부터 부과된 것이며, 그것이 곧 인간
이성의 '특별한 운명'이라고 밝힌다. 여기서 말하는 "자연적 방식
Natürlicherweise"이 의미하는 것은 이성의 본성 자체와 동일한 의
미로 이해할 수 있다.

19 여기서 언급하고 있는 '규정해야 할 다른 목적'은 《순수이성비판》
에서 언급되고 있는 이성이념들의 '규제적 사용'을 의미한다. 이성

이념은 경험과 관련된 지성의 사용에 있어서 지성의 경험적 사용을 안내하는 준칙으로서 '규제적'이다.

20 지성과 이성 사이의 관계에 대해서는《순수이성비판》, A643, B670
~671 참고.

21 독일어 Objekt를 '객관'으로 번역할지 '대상'으로 번역할 것인지에
대해 논란이 있을 수 있다. '객관'과 '대상'이 거의 같은 의미를 갖지
만 '객관'은 '주관'에 상대되는 말이거나 자기와의 관계에서 벗어나
제삼자의 입장에서 사물을 보거나 생각한다는 의미로 사용되기에
여기서는 '대상'으로 번역했다. 칸트는《순수이성비판》, B 406에서
Objekt가 두 가지 의미, 즉 '현상'과 '사물 자체'를 의미한다고 밝히
고 있다. 칸트가 '현상'의 의미를 인간의 인식능력들과의 관계에서
논한다면 인식능력을 눈으로 현상을 눈앞의 대상으로 비유할 수 있
으며, 혹은 거울과 거울 앞의 대상으로 비유할 수 있을 것이다. 이
런 관점에서 '대상'의 번역어가 '객관'보다 더 타당하다고 여겨진다.

22 독일어 hyperbolisch는 수학과 수사학에서 사용되는 단어다. 여기
서는 수사학적 의미로 과장誇張을 의미한다.

23 칸트 이후 독일어 transzendental은 사물들의 인식에 있어서가 아
니라 경험의 가능성과 조건의 모든 인식, 선험적 인식기능들의 가
능성과 선험적 인식의 경험대상과의 관계에 관한 탐색을 의미한
다. 초재적transzendent인 것과 초월적transzendental인 것의 의미
의 차이는 경험대상과의 관계를 고려하는지의 여부에 있다. Rudolf
Eisler, *Wörterbuch der philosophischen Begriffe*(1904) 참고.

24 이 부분은《순수이성비판》의 "순수이성의 오류추리론"(A 341~
405, B 399~432)에서 다루어진다. 칸트는 "순수이성의 오류추리
론"에서 영혼은 경험적 차원에서 다루어지는 심리학도 아니고, 칸
트 이전의 형이상학의 주제들 가운데 하나인 비물질적인, 불멸의,

인격적인, 영적인 실체란 이름의 영혼을 다루는 것도 아니다. 칸트는 "순수이성의 오류추리론"에서 영혼을 '경험의 단서'로 연구한다. *Historisches Wörterbuch der Philosophie*, Bd 7, Joachim Ritter, Karlfried Gründer u.a.(Hrsg.)(Basel: Schwabe Verlag, 1989), 1607쪽 참고.

25 '우유성'의 번역어는 백종현의 번역을 따랐다. 임마누엘 칸트, 백종현 옮김, 《순수이성비판》(서울: 아카넷, 2008) 참고. 일반적으로 우유성Akzidenz은 본질적인 것을 의미하는 실체Substanz의 반대 개념으로 가변적인 것, 비본질적인 것을 뜻한다.

26 불가투입성은 17세기 철학적 원자론과 함께 물질이론의 기초성질 Grundqualität의 규칙으로 인정되었으며 18세기에는 연장Ausdehung과 형태Gestalt와 더불어 가장 최소의 단일물질의 본질적인 특징으로 여겨진다. 칸트는 기존의 널리 알려진 물질이론에 반대한다. 그에 따르면 '불가투입성'은 물질에 가장 근원적으로 귀속되는 반발력Refulsionskraft에 원인이 있다. Immanuel Kant, *Metaphysische Anfangsgründe der Naturwissenschaft*(1786) 참고.

27 칸트는 규제적regulativ(《순수이성비판》, B222)인 것과 구성적konstitutiv인 것의 의미를 "인간 영혼의 이념들"에서 설명하고 있으며, "경험의 유비들"과 "순수이성의 이율배반 §8 우주론적 이념들에 관한 순수이성의 규제적 원칙"에서도 인간 이성의 규제적 사용과 구성적 사용의 차이에 대해서 설명한다. 이성의 규제적 사용과 구성적 사용은 칸트의 다음 설명을 통해 쉽게 이해될 수 있을 것이다. "이성의 원칙은 (…) 단지 현존하는 현상들의 조건의 계열에서 결과에서 원인으로 나아가는 것을 명령하되, 그 과정 중에 완전히 무조건적인 것에 머물러 있는 것이 결코 허용되지 않는다. 그러므로 그것은 경험의 가능성의 원리가 아니고 감각의 대상들의 경험적 인

식의 원리도 아니다. 따라서 지성의 원칙이 아니다. 왜냐하면 모든 경험은 (현존하는 직관에 적합한) 경험의 경계 안에서 둘러싸여 있기 때문이다. 또한 감성 세계에 대한 개념을 모든 가능한 경험 너머로 확장하는 이성의 구성적 원리도 아니며, 최대로 가능한 경험의 지속과 확장의 원칙이다. 이러한 원칙에 의해서 어떤 경험적 경계도 절대적 경계로 간주되어서는 안 된다. 따라서 이성의 원리—이러한 이성의 원칙은 규칙Regel으로서 우리에 의해 결과에서 원인으로 나아가는 과정에서 일어나야 할 것을 요청하는 원리이다—이지 결과에서 원인으로 나아가는 과정 자체 이전에 대상 안에 현존하는 것을 미리 말하는 원리가 아니다. 그런 까닭에 나는 그것을 이성의 규제적 원리라고 명명한다"(《순수이성비판》, A509, B537).

28 칸트 철학에서 중요한 의미를 갖는 '표상'은 인식과 관련된다. 칸트는 '인식'을, 사람들이 우리 안에 '표상'이라고 일컫는 것의 대상으로의 연결이라고 정의한다. 따라서 표상 개념의 의미는 인식, 인식의 형식 그리고 인식의 종류와 관련해서 첫째, 내감과 외감의 대상의 인식, 둘째, 사유하는 주체의 인식, 마지막으로 실천이성의 인식과 관련된 표상으로 구별하여 설명할 수 있다. 외감과 내감의 대상을 인식할 경우에 우리는 외감을 매개로 공간 안에서 우리 밖에 있는 것으로서 대상들을 표상하고, 내감을 매개로 시간 안에서 우리 안에 있는 것으로서 내감의 대상을 표상한다. 공간과 시간은 사물들 자체에 대해서는 알려주지 않는 주관적 표상이다. 앞 본문에서 언급하고 있는 통각의 표상Die Vorstellung der Apperception으로서의 자기의식das Ichbewußtsein의 경우에 언급되고 있는 표상은 선험적 표상(Immanuel Kant, *Welches sind die wirklichen Forschritte, die die Metapysik seit Leibnizens und Wolffs Zeiten in Deutschland gemacht hat?*, AA 20: 270)이다. 실천이성과 관련된 대상의 경우

인 표상은 '자유를 통한 가능한 작용으로서의 대상의 표상이다 die Vorstellung eines Objects als einer möglichen Wirkung durch die Freiheit'(Immanuel Kant, *Kritik der praktischen Vernunft*, AA05: 57). *Historisches Wörterbuch der Philosophie* Bd. 11(Basel: Schwabe Verlag, 1989), 1231~1237쪽 참고. 본 주에서 칸트가 언급한 '현존재의 느낌Gefühl eines Daseins'은《순수이성비판》어디에서도 유사한 표현을 찾을 수 없는 독특한 표현이다. 게오르크 모어에 따르면 이 표현은 장 자크 루소의 철학적이며 교육학적인 위대한 장편소설《에밀》(1762)에 있는 "사부아 사제의 신앙고백"의 한 문구를 상기시킨다고 보고 있다. 루소는 '나는 누구인가?'라는 물음에 대해서 문학적 철학적 명상 안에서 '나의 실존의 특별한 느낌 sentiment propre de mon existence'과 '나의 자기의 느낌sentiment du moi'에 대해서 말하고 있다. Georg Mohr, *Kants Grundlegung der kritischen Philosophie—Werkkommentar und Stellenkommentar zur Kritik der reinen Vernunft, zu den Prolegomena und zu den Fortschritten der Metaphysik*(Frankfurt am Main: Suhrkampf, 2004), 544쪽 참고.

29 《순수이성비판》, A182~189, B224~232.

30 '생명' 개념에 관해서는《순수이성비판》2판 B415 참고.

31 마이너 출판사판을 번역한 본 문장은 베를린 학술원판(Immanuel Kant, *Prolegomena zu einer jeden künftigen Metaphysik, die als Wissenschaft wird auftreten können*, AA 04: 337)과 비교했을 때 'in der Natur'의 위치가 서로 다르며 그 의미 또한 미세한 차이가 있다. 베를린 학술원판에 따르면 자연Natur이 'ohne alles Bedenken' 뒤에 위치하고, 마이너판에 따르면 'außer meinen Gedanken' 뒤에 위치한다.

베를린 학술원판	마이너 출판사판
"… so kann die Frage, ob die Körper (als Erscheinungen des äußern Sinnes) außer meinen Gedanken als Körper existiren, ohne alles Bedenken in der Natur verneint werden; …"	"… so kann die Frage, ob die Körper (als Erscheinugen des äußeren Sinnes) außer meinen Gedanken in der Natur als Körper existeren, ohne alles Bedenken verneit werden; …"
"(외감의 현상들로서) 물체들이 나의 사유 밖에서 물체로서 존재하는지에 대한 물음은 주저 없이 자연 안에서 부정될 수 있다."	"(외감의 현상들로서) 물체들이 나의 사유 밖에서 물체로서 자연 안에서 존재하는지에 대한 물음은 주저 없이 부정될 수 있다."

32 《순수이성비판》, A 405~567, B 432~596, "순수이성의 이율배반".

33 초월적 변증론에서 정립과 반정립의 이율배반은 이성의 자기 인식의 여정에서 필연적으로 거쳐야 할 이성의 자기 분열의 '과정'(《순수이성비판》, B 779)이다. 이 점이 바로 칸트가 《순수이성비판》의 서론에서 언급하고 있는 "인간 이성의 자연적 본성에서 이성 스스로가 자기에게 부과하는 특별한 인간 이성의 운명"(《순수이성비판》, A VII)이 된다. 이성의 자기 분열로 인한 '두 가지 분열'은 철학의 역사에서 독단주의와 회의주의로 나타났다. 칸트는 서양 형이상학의 이러한 역사를 "이성 자신과의 싸움"(Immanuel Kant, *Welches sind die Fortschritte, die die Metaphysik seit Leibnizens und Wollf's Zeiten in Deutschland gemacht hat?*, AA 20: 327), 혹은 "전쟁"(《순수이성비판》, B779), "끊임없는 다툼의 전쟁터"(《순수이성비판》, A VII)로 설명한다. 이성의 자기 자신과의 분열에 대해서는 《형이상학 서설》, AA04: 350, 353을 참고할 것. 칸트에 따르면, 철학사적 관점에

서 이성이 독단주의와 회의주의를 필연적으로 거친 이후에 등장하는 것이 '순수이성의 비판주의'이다.

34 칸트는《순수이성비판》에서 자발성Spontaneität을 지성의 자기활동Selbsttätigkeit des Verstandes 혹은 지성의 행위Verstandeshandlung로 설명한다.

35 이 문장에서 "조화될 수 있다"는 독일어 "beilegt werden können"의 번역이다. 독일어 beilegen은 '분쟁, 논쟁 등을 해결하다, 화해시키다, 끝내다' 등의 의미를 갖는다. 위의 문장에서 사용된 의미는 맥락상 자연필연성의 인과성과 자유의 인과성의 관계에서 나타나는 일치와 불일치 여부에 대한 문제를 다루기 때문에 타당한 번역이라 여겨진다.

36 "초월적 이상에 대하여",《순수이성비판》, A 571, B 599.

37 플라트너는 독일의 철학자이자 의사이다. 그의 주저로는《의사와 세계방식을 위한 인류학Antropologie für Ärzte und Weltweise》(Leipzig, 1772)이 있다. 앞의 인용의 출처는 *philosophische Aphorismen nebst einigen anleitungen zur philosophieschen Geschichte*, Bd. 2 Bände(Leibzig, 1776/1782)이다.

38 칸트는 이러한 이념들의 '객관적 실재성die objektive Realiät'을 인정한다. 다만 그 객관적 실재성은 '실천적praktisch'인 의미에서의 객관적 실재성을 말한다. Immanuel Kant, *Welches sind die wirklichen Fortschritte, die die Metaphysik seit Leibnizens und Wolffs Zeiten in Deutschland gemacht hat?* AA20: 332 참조. "범주의 객관적 실재성은 이론적이고, 이념의 객관적 실재성은 단지 실천적이다—자연과 자유."

맺음말

1 모어는 '한계Ziel'를 '최상의 목적das höchste Ziel'(*Prolegomena zu einer jeden künftigen Metaphysik, die als Wissenschaft wird auftretten können*, AA 04: 258)과 동일한 것으로 설명한다. 여기서 독일어 Ziel을 한계, 끝, 종점으로 번역할 것인지, 목적으로 번역할 것인지에 대한 논란의 여지가 있을 수 있다. 그러나 앞에서 칸트가 이미 설명하고 있는 것처럼(《형이상학 서설》, AA 04: 258) 이성의 한계는 소극적 관점과 적극적 관점이라는 두 가지 관점으로 이해된다. 칸트를 독단의 잠으로부터 깨운 흄은 이성의 한계를 오직 소극적 관점에서만 이해함으로써 이념들을 한갓 상상에 불과한 것으로 보고 결국 이성에 손실을 입혔지만, 칸트는 한 걸음 더 나아가서 적극적 관점에서 인간의 인식능력에 경험의 한계를 무한히 확장할 수 있는 실천적 의지를 준다는 점에서, 이성의 한계는 이성에게 최상의 목적을 부여하는 지점이 될 수 있다. 따라서 이성의 한계와 관련된 독일어 Ziel은 소극적 관점과 적극적 관점에서 두 가지 의미를 갖는다고 볼 수 있다.

2 David Hume, *Dialogues concerning Natural Religion*(London, 1770).

3 칸트가 여기서 언급하고 있는 것처럼, 이성의 제한들은 사물들 자체의 가능성의 제약을 위한 것이므로 이성의 능력 중의 하나인, 예를 들어 모든 경험의 통일을 목적으로 하는 이성의 실천적 사용을 제한하지 않는다. 칸트에 따르면 흄은 인간 경험의 영역 밖의 것들을 인식할 수 있다는 인간 이성의 독단적 능력을 정당하게 비판했지만, 동시에 인간 지성의 영역 너머에 있는 형이상학적 문제들을 간과했다. 따라서 흄은 경험주의자다. 칸트는 이성의 '경계규정 Grenzbestimmung'을 통해서 이성의 능력을 제한했다는 점에서 전통 형이상학을 비판하지만, 한 걸음 더 나아가 이러한 손실을 '긍정적인 손실den positiven Schaden'로 설명한다. '이성의 경계규정'을

통해서 인간 이성이 이카루스의 날개를 가지고 감성적인 영역에서 초감성적인 영역으로 나아가는 것을 멈출 수 있게 할 뿐만 아니라, 이성이 본래 가지고 있는 '실천적 인식 원천die praktischen Erkenntnisquellen'을 자각하게 한다. '소극적 유용성'과 '적극적 손해'에 대해서는《형이상학 서설》, AA 04: 258, Anmerkung 2 참고.

4   칸트가 여기서 사용하고 있는 개념 '유비'는 토마스 아퀴나스의 '유비analogia'에 의거하고 있다. 아퀴나스의 '유비' 개념과 그에 대한 선행연구는 한자경,《실체의 연구: 서양 형이상학의 역사》, 이화여자대학교출판원, 2019, 168~173쪽 참조.

5   독일어 Inbegriff는 '자신의 경계를 포함하는 장소', '자신의 내부에 다른 것들을 포괄하는 것'을 뜻한다.

6   칸트는 이와 동일한 내용을《순수이성비판》, A 647~668, B 675~696, "순수이성의 이상의 규제적 사용"에서 다룬다.

7   《순수이성비판》, A 647~668.

8   칸트는 선험적 개념, 즉 모든 경험으로부터 독립한 범주들을 "순수이성의 후성발생 체계System der Epigenesis der reinen Vernunft" (《순수이성비판》, B 168) 안에서 정의한다. 따라서 칸트의 전문용어인 '선험적 원칙', '범주'를 비롯한 모든 인간 인식의 능력들은 생물학적 용어인 후성발생의 체계 안에서 이해되어야 한다. '순수이성의 후성발생적 체계'에서 인간의 인식능력들은 '유기조직Organisation'이 가지고 있는 '형성의 충동Bildungstrieb'(Immanuel Kant, *Kritik der Urteilskraft*, AA 05: 424f)과 연관 지어 이해될 수 있다. 칸트는 《판단력 비판》에서 '후성발생'과 '전성발생Präformation'을 구별한다. 전성발생 안에서의 유기체의 형성력Bildungskraft은 단지 기계적인 성격만을 가질 뿐이다. 후성발생은 그리스어에서 유래하며 이미 아리스토텔레스에 의해서 주장되었고, 생물학에서 유기체의 구

조가 난자나 정액 속에 이미 정해져 있다는 전성설과 구별된다.

부록

1 비평이 익명으로 출판되었기 때문에 칸트는 두 명의 저자가 관계되어 있다는 것을 알지 못했다. 한 명은 라이프치히의 철학교수 크리스티안 가르베이고, 다른 한명은 가르베의 비평을 정당한 것으로 지지한 《괴팅겐 학보》의 발행인 요한 게오르그 하인리히 페더Johann Georg Heinrich Feder이다.

2 심연Bathos은 그리스어 βάθος에서 유래하며 '근본이 놓여 있는 심연' 등을 의미한다. 주로 문예학에서 높은 것이나 고귀한 가치와 반대되는 의미로 사용된다. 칸트 시대 비평가들뿐만 아니라 오늘날의 많은 칸트 철학의 비평가들조차도 '초월적'의 의미를 '초재적'인 것과 구별하지 못하고 혼동한다. '개념의 초월적 사용'에서 '초월적'이 의미하는 것은 개념이 경험 이전에, 즉 선험적으로 경험의 영역 너머가 아닌 경험의 영역에서만 사용된다는 것을 의미한다

3 《형이상학 서설》, AA04: 293.

4 독일어 Lehrbegriff의 사전적 의미는 서로 다른 요소들이 상호 연결되어 있는 통일체로서, '전 범위' 혹은 '시스템'을 뜻한다.

5 《순수이성비판》, A426~461, B454~489, "순수이성의 이율배반".

6 독일어 Kultur 개념은 사전적 의미로 농업의 토양과 관련해서 경작과 교양, 훈련, 수양, 문화 등의 다양한 의미를 갖는다. 여기서는 Kultur의 번역어로서 도야의 개념을 사용했다. 칸트는 그의 논문 〈예언자의 꿈Träume eines Geistersehers〉(1766)에서 세계의 상이한 주체들에게 공동 관계를 성립시키기 위해서 인간 밖의 초월적 신성을 가정한 라이프니츠의 철학뿐만 아니라 불필요한 추상적·철학적

논쟁들에 대한 비판을 하는 볼테르의《캉디드Candide》의 마지막 구절을 다음과 같이 인용하고 있다. "우리의 행복을 돌보고 정원으로 가서 일하자!Lasst uns unser Glück besorgen, in den Garten gehen und arbeiten!"(Träume eines Geistersehens, AA02: 373). 칸트가《순수이성비판》에서 사용한 정원 개념은 볼테르가 사용한 맥락과 동일한 의미에서 생각할 수 있다. 칸트는 중세 교부철학이 철학의 시녀임을 자초하고 인간 밖의 초재적 존재의 증명을 위한 도구로 사용된 것을 비판하고, 단순한 추상적 개념들의 유희를 지양한다. 칸트에 따르면 초재적 이념들은 그 이념들 자체로서는 아무것도 아닌 것이며, 오직 인간과 관련해서만 의미를 갖는다. 칸트가 말한 이성의 계몽은 곧 인간 본성의 회복이며, 수양을 강조하는 동양의 세계관과 만나는 부분이다. 동양의 고전 속에서 도야陶冶 개념은 도공陶工과 야공冶工 등 직업과 관련된 개념으로 쓰였고, 동중서董仲舒에 이르러 비유적으로 몸과 마음을 닦는 교육과 교화의 의미로 사용된 것으로 보인다. 도야의 개념에 대해서는《한어대사전漢語大词典》(上海: 上海中华印刷厂, 1993), 1042쪽 참고. 도야 개념은 장자 철학에서도 살펴볼 수 있다. 진고응陳鼓應은《노장신론老莊新論》에서 장자의〈소요유〉편을 해석하면서 인간의 마음이 도야를 통해서 속세의 구속에서 벗어날 수 있음을 설명하고 있다. "인간이 시공과 예속의 속박에서 해방되어야만 비로소 마음이 열릴 수 있다. 열려진 마음을 도야해야만 비로소 비좁은 속세와 상식의 구속에서 벗어날 수 있다. 열려진 마음은 넓은 사유의 공간이 전제되어야만 도야될 수 있다. 넓은 사유의 공간은 드넓은 내면 세계를 펼쳐 보일 수 있게 한다." 진고응 지음, 최진석 옮김,《노장신론》, 소나무, 1992, 214~215쪽.

해제

1 한자경, 《칸트 철학으로의 초대》, 서광사, 2006, 6~7쪽 참조.

2 김금희, 《경애의 마음》, 창비, 2018, 342~343쪽.

3 Immanuel Kant, Welches sind die wirklichen Fortschritte, die die Metaphysik seit Leibnizens und Wollfs Zeiten in Deutschland gemacht hat, AA20: 332.

4 Hans Blumenberg, Schiffbruch mit Zuschauer: Paradigma einer Daseins metapher , Suhrkamp, Frankfurt am Main, 1979, S. 105.

5 형이상학 서설 §59의 경계규정Grenzbestimmung에 대한 해제는 《칸트연구》 35집(2015. 6)의 내용임을 밝힌다.

6 본 해제는 모어가 칸트 저서를 편집하여 단행본으로 발행한 Immanuel Kant, Theoretische Philsophie: Texte und Kommentar, Georg Mohr(Hrsg.)(Frankfurt am Main: Suhrkamp, 2004), 512~527쪽의 해제를 요약 정리한 것이다. 그 외 상기에 소개한 판본들의 서지사항은 다음과 같다.

Immanuel Kant's sämmtliche Werke, Karl Rosenkranz · Friedrich Wilhelm Schubert(Hrsg.). Bd. 3, 1~166쪽.

Immanuel Kant's sämtliche Werke, Gustav Hartenstein(Hrsg.)(Leipzig: Voss, 1867), Bd. 4, 1~131쪽.

Prolegomena zu einer jeden künftigen Metaphysik, die als Wissenschaft wird auftreten können, Karl Vorländer(Hrsg.)(Hambrug: Meiner, 1976). Philosophische Bibliothek Bd. 40.

Prolegomena zu einer jeden künftigen Metaphysik, die als Wissenschaft wird auftreten können, Rudolf Malter(Hrsg.)(Stuttgart: Reclam, 1989), Universal Bibliothek Nr. 2468.

Prolegomena zu einer jeden künftigen Metaphysik, die als Wissen-

schaft wird auftreten können, Konstantin Pollok(Hrsg.)(Hamburg:
Meiner, 2001), Philosophiesche Bibliothek Bd. 540.

7   Vorarbeit zu den Prolegomena zu einer jeden künftigen Metaphysik,
    AA23: 53~65.

8   Arthur Schopenhauer, Die Welt als Wille und Vorstellung(1819),
    Bd. I, 535쪽.

9   요한 슐츠는 칸트와 주고받은 많은 서신을 1984년에 책으로 엮어
    출판했다.

더 읽어야 할 자료들

만프레트 가이어, 《칸트 평전》, 김광명 옮김(미다스북스, 2004)

지금까지 다양한 칸트 전기가 출판되었음에도 국내에 소개된 칸트 전기로는 이 책이 유일하다. 옮긴이 김광명은 이 책이 "칸트 사유의 특수하고 개별적인 내용들을 오늘날의 용어로 옮겨놓아 누구라도 어렵지 않게 접할 수 있다"고 말한다.

아직 국내에는 소개되지 않았지만 칸트 전기로서뿐만 아니라 칸트 철학 입문서로서 탁월한 평가를 받고 있는 만프레트 퀸Manfred Kühn의 《칸트 전기Kant: Eine Biographie》(Deutscher Taschenbuch Verlag, 2007)는 영문으로 번역 되어 있으며 대만에서도 출판되었다.

임마누엘 칸트, 〈1791년 베를린 왕립학술원이 공모한 현상과제: 라이프니츠와 볼프의 시대 이후 독일에서 형이상학이 이룬 실질적 진보는 무엇인가?〉, 《비판기 저작 II(1795~1804)》, 염승준 옮김(한길사, 2022)

칸트의 논문 〈라이프니츠와 볼프 시대 이후 독일에서 형이상학이 이룬 실제적 진보는 무엇인가Welches sind die wiklichen Fortschritte, die die Metaphysik seit Leibnizens und Wolffs Zeiten in Deutschland gemacht hat?〉의 국역이다. 이 논문은 1788년 1월 24일 베를린 학술원에서 1791

년 12월 31일을 마감일로 잡고 내놓은 현상 논문 제목인 〈라이프니츠와 볼프 시대 이후 독일에서 형이상학이 이룬 실제적 진보는 무엇인가?〉에 대한 칸트의 답이다. 그는 이 물음에 답하기 위해 논문을 세 번이나 수정했지만 결국 미완성인 채로 중단했다.

이 논문은 칸트가 사망한 몇 주 후 링크Friedrich Theodor Rink에 의해서 1804년 출판되었고 베를린 학술원판《칸트 전집》제20권에 수록되었다. 이 논문에서 독단적인 강단 철학과 대결하면서 칸트는 자신의 비판철학을 전 형이상학의 역사에 있어 마지막 단계로 간주했다. 그에 따르면 철학의 역사는 "개념으로부터 스스로 자기 전개하는 이성"의 역사로서, 첫째 단계는 독단주의의 형태로, 둘째 단계는 회의주의의 형태로, 그리고 셋째 단계인 비판주의로 전개된다고 밝히고 있다.

그의 철학을 규정하는 비판철학 또는 비판주의의 비판 개념만으로는 전통 철학 및 형이상학이 갖는 혁명성이 잘 드러나지 않는다. 칸트는 이 논문 후반부까지 자신의 형이상학이 스콜라적인 학문이나 책으로 이해된 "순수한 이론적 이성인식의 모든 원칙의 체계" 또는 "순수한 이론적 철학의 체계"로 오인되는 것을 경계하기 위해 "특별한 정의를 자제"하면서 자신의 형이상학을 "전적으로 필연적인 이성의 실천적 사용에 이성 사용의 원리들을 가르치기 위한"것으로, 더는 이성의 이론적 사용이 아닌 실천적 사용과 관계한다는 점에서 "지혜론"으로 규정한다.

하이데거는 그의 책《칸트와 형이상학의 문제Kant und das Problem der Metaphysik》에서 이 논문이 "집필 당시 칸트가 이미 형이상학의 문제를 직접적이고도 전체적인 문제로서 분명히 파악하고 있었음"을 보여준다고 말하고 있으며 분트Max Wundt는 그의 저서《형이상학자로서의 칸트Kant als Metaphysiker》에서 "이 논문은 칸트의 완성된 체계와 그 체계의 역사적 조건들에 대한 칸트 자신의 유일하고 포괄적인 고찰로서 아주 독자적인 가치를 지닌다"라고 평가하고 있다.

한국칸트학회에서 기획하여 번역 출판된 칸트 전집에서 독일어 'transzendental'을 '초월적超越的'이 아닌 '선험적先驗的(apriori)'으로 번역한 것은 기본적으로 '…의 저편으로', '넘어'를 의미하는 'trans-'의 사전적 의미를 담아내지 못할 뿐더러, 칸트 비판철학이 서양 형이상학의 역사에서 갖는 철학사적 위상에도 부합하지 않는다는 점을 지적하지 않을 수 없다.

칸트 비판철학의 출발은 변증적이고 이율배반적인 인간 이성의 자연적 본성으로 인해 '감성적인 것'에서 '초감성적인 것'으로 이성 사용의 한계와 범위를 넘어 이행하는 월권과 독단을 비판하는 데서 시작한다. 칸트가 서양 철학사에서 자신 이전에 단 한 번도 시행된 적이 없는 인간 이성 비판을 통해 전통 형이상학에 '공적인 표준 척도'를 제공하여 '형이상학의 완전한 혁명'을 감행하고 '새로운 형이상학의 탄생'을 예견한 것인데, 칸트 전집에서 칸트 철학의 발단이 되는 '초월' 개념을 찾아볼 수 없게 되었으니, 그렇지 않아도 실증주의와 신유물론이 시대정신이 되어버린 현실에서 그의 철학의 출발 지점과 최종 종착 지점을 대중이 파악하기가 더욱 어렵게 된 상황이다. 그러나 소수의 주류 강단 철학자들의 오역과 오해로 인해서 비판적으로 계승해야 할 형이상학과 철학의 본질인 이성의 초월성이 제거될 리는 없다. 칸트가《형이상학 서설》에서 말하고 있듯이 '자기 방식대로 형이상학을 재단'하는 사람들에 의해서 이성에 내재된 자연 본성적인 초월성과 무한성을 완전히 포기하게 된다는 것은 이성의 독단과 월권으로 인한 '오염된 공기'를 들이마시지 않기 위해 호흡을 멈추는 것과 다를 바 없으며 '저항할 수 없는 필연성의 법칙'에서 불가능하기 때문이다.

마르틴 하이데거,《칸트와 형이상학의 문제》, 이선일 옮김(한길사, 2001)
하이데거는《순수이성비판》을 인식과 경험의 이론으로 해석하고 변증론을 전통 형이상학과의 관계에서 부정적인 단절로만 간주하는 신칸트 학파의 해석을 비판한다. 그는 이 책에서 칸트와 전통 형이상학의 관계를 부정적 단절이 아닌 긍정적인 철저화 내지는 근거 지음의 관계로 해명한다.

옮긴이 이선일에 따르면 카시러는 '다보스 대학 강좌(1929)'에서 이 책에 대해 칸트 철학에 대한 주석서라기보다는 하이데거 자신의 철학적 목적을 위해 칸트의 체계를 이용한 것일 뿐이라고 혹평했다고 한다. 이 책은 일반적으로 하이데거 자신의 주저인 《존재와 시간》에서 다루고 있는 현존재의 형이상학에 대한 해설서로 평가받고 있다.

한자경, 《칸트와 초월철학: 인간이란 무엇인가》(서광사, 1992)

이 책은 서양 철학사의 문맥 안에서 도식화된 칸트 해석을 따라가기보다 칸트 자신의 해석에 근거해서 칸트 철학에 접근하고 있다. 저자는 칸트 초월철학의 전체 체계와 그것이 함축하는 형이상학적 차원을 밝히기 위해 칸트 철학의 완성된 체계와 그 체계의 역사적 조건들에 대한 칸트 자신의 유일하고도 포괄적인 고찰로 평가받는 〈라이프니츠와 볼프 시대 이후 독일에서 형이상학이 이룬 실제적 진보는 무엇인가?〉를 근거로 칸트 초월철학을 체계적으로 해석한다.

《순수이성비판》과 《실천이성 비판》을 하나의 통일된 체계로서 해석하는 이 책은 이론과 실천, 존재와 당위라는 서로 다른 영역을 상호 연관성 안에서 체계적으로 해명하고자 하며, 그 매개가 초월 자아의 자발적 활동성임을 강조한다.

저자는 칸트의 초월철학을 "인간의 가장 깊은 내면의 본질에서 출발하여, 다시금 가장 깊은 내면의 근원을 되묻는 철학으로서, 인간 사유의 귀향 활동"으로 보고 있다. 이는 "형이상학의 근원적인 장소는 결국 인간의 가장 깊은 내면에서 찾을 수 있기 때문에, 형이상학이라는 것이 결국

인간 본성으로의 회귀 이외에 다른 어떤 것도 아니다"라고 말한 칸트의
통찰과 일치한다.

한자경, 《칸트 철학에의 초대》(서광사, 2006)

칸트 철학 체계를 공부하는 차원을 넘어 철학적 문제를 스스로 생각해
보도록 하는 책이다. 저자는 《칸트와 초월철학》에서 다룬 인식, 윤리, 종
교의 문제뿐 아니라 미학, 정치, 역사철학 등에 관한 문제를 보충해 칸트
철학 전체, 특히 세 권의 비판서 《순수이성비판》, 《실천이성 비판》, 《판단
력 비판》을 다룬다.

이 책은 칸트 철학뿐만 아니라 철학 일반에서 중요한 핵심 주제들, 즉 '인
식과 존재', '유한과 무한—세계는 유한한가, 무한한가?', '욕망과 자유—
도덕의 근거는 무엇인가?', '덕과 행복—덕복일치의 최고선은 실현 가
능한가?', '아름다움과 숭고함—미적 판단은 무엇에 근거하는가?', '기계
와 유기체—자연은 어떤 존재인가?', '도덕과 법—개인의 도덕성과 사회
의 법은 어떤 관계인가?', '인간과 역사—인류의 역사는 어디로 가고 있는
가?'에 대한 물음을 다루면서 그에 대한 칸트의 답을 담고 있다. 또한 저
자는 철학사를 관통하는 이러한 질문들에 대한 칸트 이전 철학자들과 칸
트의 답을 비교하면서 칸트 철학의 코페르니쿠스적 전회를 짚어낸다.

마지막으로 이 책의 결론에서는 칸트 이후의 독일관념론자인 피히테,
셸링, 헤겔이 칸트 철학과 어떻게 비판적으로 대결하고 있는지를 그들
의 저서를 근거로 소개한다.

한자경, 《실체의 연구: 서양 형이상학의 역사》(이화여자대학교출판문화원, 2019)

철학의 역사는 칸트가 말했듯이 인간 이성의 자기전개의 역사다. 따라
서 철학의 역사에 대한 책은 통일성과 일관성을 갖춘 체계와 서사를 갖
춰야 한다. 이 책은 그것을 모두 갖추고 있다. 이 책의 저자가 "서양 형이

상학의 역사는 바른 궁극을 얻기 위한 사투의 과정이다."라고 밝히고 있듯이 독자는 이 책을 읽는 동안 스스로 서양 형이상학의 역사에 참여할 수 있다. 단, 근원을 찾아가는 길에서 독자는 기존의 지식에 의존해서는 안 되며, 지금의 주류의 시대정신으로부터도 거리두기를 해야 하며, 섣부른 답을 단정 짓는 쉬운 길도 피해야 하며 오직 자신의 이성의 빛이 인도하는 사유의 힘든 노동을 수행할 용기가 있어야 한다.

이 책의 서론에서는 소크라테스 이전의 철학에서 2500여 년 동안 지속될 핵심적인 형이상학 근본물음을 소개한 후 그러한 문제를 "서양 고대부터 중세를 거쳐 근대 및 현대에 이르기까지 각 시대를 대표하는 철학자들이 실체를 무엇으로 간주하는지, 존재의 궁극을 무엇으로 설명하는지를 밝혀보고자 한다." 실체實體 개념의 비유어로 사용하고 있는 '용광로'에 대한 지은이의 말은 형이상학에 대한 협소한 이해, 반감 그리고 거부감을 가지고 있는 국내 학계의 커다란 경종이 된다. 이 책을 꼼꼼히 읽은 사람이라면 서양 철학의 역사에서 '실체 개념'이 단일하지 않으며 다양하게 전개되어 왔음을 그리고 실체 및 형이상학에 대한 단편적인 이해는 "마치 빛이 사라진 깜깜한 밤에 모든 소가 검게 보이는 것을 보고 모든 소가 다 검은색이다"라는 상황과 다를 바 없음을 확인할 수 있다.

진화론적 유물론의 시대정신에 매인 오늘날의 현대인이 고대와 중세의 철학을 이해하기 쉽지 않지만, 이 책은 우리를 고대와 중세철학으로의 초대를 하고 있다. 특히 플라톤과 아리스토텔레스의 철학에 대한 내용에서 두 철학자들의 초기·중기·후기의 저서 전부를 다루고 있는데, 이는 독자가 두 철학자의 철학 전체를 파악할 수 있게 해 준다. 플라톤은 이데아와 모상, 보편자와 개별자의 관계를 메테시스methesis로 설명하는데 자신의 후기 철학까지 자신의 이전의 이론을 의심하고 수정하는 사유의 실험 자체가 매우 역동적이며 아리스토텔레스 철학의 경우 그의 주요 저서 《범주론》, 《자연학》, 《형이상학》, 《영혼에 관하여》와 같이 상이해보이는 주제들을 제한된 지면에도 불구하고 일관된 체계성과 통일성을 갖추고 있다.

한국뿐만 아니라 국외까지 포함해서 이 책이 갖는 수월성秀越性에 대해 지면제약상 여기서 다 밝힐 수는 없지만 칸트 철학 이해의 도추道樞라 할 수 있는 '시간의 관념성의 이론'의 바른 이해를 위해 고대 플로티노스 Plotinos의 유출설流出說, 중세 아우구스티누스Aurelius Augustinus의 '시간과 진리의 내면화', 마이스터 에크하르트Meitser Eckhart의 '신과의 합일 가능성'과 '영혼 비우기'는 결정적으로 중요하다고 할 수 있다. 특히 칸트가《순수이성비판》을 비롯한 그의 주저에서 과학자와 수학자의 '절대시간'과 '절대공간'을 비판했음에도 불구하고 실증주의와 과학주의의 시대정신의 사슬에 매여 칸트 철학의 핵심인 인간 심층마음의 특징, 즉 초월적 통각의 능동적 활동성과 일체 모든 존재의 포괄적 형식으로서의 직관의 형식으로서의 시간의 관념성을 이해하고 있지 못한 강단의 학자들에게 도움이 될 것이다. 이뿐만 아니라 이 책 5장 '아퀴나스: 개별자의 실체성'에서 토마스 아퀴나스Thomas Aquinas의 '존재의 유비'에 대한 내용은《형이상학 서설》의 §59에서 칸트가 설명하고 있는 '유비類比에 따른 인식'에서의 유비 개념을 이해하는 데도 직접적으로 도움이 된다.

국·내외의 서양 철학사에 대한 책들이 바른 궁극을 얻기 위해 인간 이성이 한 단계에서 다음 단계로 이행해 가는 사투의 과정의 진보 여부를 판단하는 기준이 서양의 시선과 관점을 벗어나지 못한 것에 비해, 이 책은 "무아와 공을 아는 동양 불교적 관점, 일심의 관점"에서 서양 형이상학 내지 실체론을 관조하고 있다는 점에서 유일무이한 독창성을 갖는다. '공적영지空寂靈知의 마음에 사로잡힌 사람', 그래서 '서양 형이상학에도 관심을 가진 사람'은 이러한 관점을 책의 본문과 행간에서도 발견할 수도 있지만 각주에서 직접적으로 발견할 수 있을 것이다.

염승준 kant@wku.ac.kr

원불교 교무로 서양철학을 전공했다. '자아'에 관한 근원적인 질문에서 시작하여 인식과 존재의 문제에 대한 실제적인 고민에 대한 답을 얻고자 원불교 성직의 길을 택했고, 원광대학교 원불교학과에 입학하여 수학했다. 대학 시절 이화여자대학교 한자경 교수의 책을 접한 후, 성직자의 신앙과 수행이 철학자의 '철학함'과 맞닿아 있음을 확인하면서 본격적으로 철학을 공부하기 시작했다. 고려대학교 대학원 철학과 재학 시절에 베를린에서 공부할 기회를 얻어 훔볼트 대학에서 폴커 게르하르트Volker Gerhardt 교수의 지도로 〈칸트의 순수이성 비판에서의 생명개념〉으로 철학 박사 학위를 취득했다. 훔볼트 대학 재학 시절 5년간 도서관 문이 열리는 아침 9시에서 저녁 9시까지 정확한 시간, 같은 자리에서 책을 읽고 논문을 썼던 것이 회자되어 훔볼트 대학 신문에 "한국에서 온 칸트"라는 제목으로 소개되기도 했다.

현재 원광대학교 원불교학과 교수로 재직하면서 원불교학의 학문적 방법론에 관한 연구와 칸트 사상의 실천적 과제에 대한 연구를 진행하고 있다. 논문으로는 〈이성의 영원한 평화를 위한 칸트 철학의 미완의 혁명〉(2023), 〈'지혜론'으로서의 칸트 '형이상학'에 대한 고찰: 칸트 『형이상학의 진보』에서 '자유', '신', '영혼불멸'의 '실천적 실재성' 증명을 중심으로〉(2017), 〈순수이성의 후성발생 체계〉와 '순수 지성개념'의 유기체적 성격〉(2015), 〈유교적 사회학의 성과와 검토: 이영찬의 『유교사회학』·『유교사회학의 패러다임과 사회이론』의 사회이론에 관한 유교적 재해석을 중심으로〉(2022), 〈근대 정치와 종교적 초월성의 관계: 마루야마마사오丸山真男의《日本政治思想史研究》를 중심으로〉(2021), 〈종교의 미래와 평화문명〉(2020), 〈낙태죄 처벌 헌법 불합치 결정과 원불교 생명윤리: 태아의 생명권과 靈識을 중심으로〉(2020), 〈종교적 '공공성'의 개념과 의미 고찰〉(2017), 〈원불교 상시 일기법日記法 유·무념 개념의 중의적重義的 의미〉(2019), 〈종교없음 시대의 종교성과 동학 '시천주侍天主' 개념의 내재적 초월성〉(2018) 등이 있으며 저서로는《원불교 교리해석의 파편화 현상 비판》(2022),《칸트의 순수이성 비판에서의 생명개념Der Lebensbegriff in Kants kritischen Philosophie》(Humboldt Universität zu Belrin, 2011),《한국 사상사의 사회학적 조명 (계명한국학총서 50)》(공저, 2020) 등이 있고, 번역서로는〈1791년 베를린 왕립학술원이 공모한 현상과제: 라이프니츠와 볼프의 시대 이후 독일에서 형이상학이 이룬 실질적 진보는 무엇인가?〉,《비판기 저작II(1795-1804)》(2022) 등이 있다.

형이상학 서설

초판 1쇄 발행 2013년 6월 25일
개정 1판 1쇄 발행 2023년 7월 15일

지은이 이마누엘 칸트
옮긴이 염승준

펴낸이 김현태
펴낸곳 책세상
등록 1975년 5월 21일 제2017-000226호
주소 서울시 마포구 잔다리로 62-1, 3층(04031)
전화 02-704-1251
팩스 02-719-1258
이메일 editor@chaeksesang.com
광고·제휴 문의 chaeksesang@naver.com
홈페이지 chaeksesang.com
페이스북 /chaeksesang **트위터** @chaeksesang
인스타그램 @chaeksesang **네이버포스트** bkworldpub

ISBN 979-11-5931-956-3 04080
　　　979-11-5931-221-2 (세트)